P9-CEU-952

Communicating
in
German

Novice/Elementary Level

Lois M. Feuerle

Conrad J. Schmitt

McGraw-Hill, Inc.
New York St. Louis San Francisco Auckland Bogotá
Caracas Lisbon London Madrid Mexico City Milan
Montreal New Delhi San Juan Singapore
Sydney Tokyo Toronto

Sponsoring Editors: John Aliano, Meg Tobin
Production Supervisor: Anthony DiBartolomeo
Editing Supervisors: Patty Andrews, Maureen Walker

Text Design and Composition: Suzanne Shetler/Literary Graphics
Cover Design: Merlin Communications and Amy E. Becker
Illustrations: Grace Coughlan/Grace Design
Art Pasteup: Graphic Connexions, Inc.
Printer and Binder: R.R. Donnelley and Sons Company

Cover photographs courtesy of the German Information Center

Communicating in German   Novice/Elementary Level

3 4 5 6 7 8 9 0   DOC/DOC   9 9 8 7

ISBN 0-07-056934-7

Library of Congress Cataloging-in-Publication Data
Feuerle, Lois.
    Communicating in German: novice/elementary level / Lois Feuerle, Conrad J. Schmitt.
        p.   cm. — (Schaum's foreign language series)
    Includes index.
    ISBN 0-07-056934-7
    1. German language — Conversation and phrase books — English.
    I. Schmitt, Conrad j.   II. Title.   III. Series.
PF3121.F48   1993
438.3'421—dc20   92-14472
                                                                  CIP

This book is printed on acid-free paper.

About the Authors

Lois M. Feuerle

Lois M. Feuerle is Adjunct Assistant Professor of German and Translation in the Department of Foreign Languages at the New York University School of Continuing Education, where she is also the Coordinator of the Certificate in Translation Program. She has taught German to students of all ages, ranging from the first grade to university students and beyond. She has extensive experience teaching adult learners in a variety of contexts. Prior to teaching at NYU SCE, she taught German to students at the University of Kansas (both in Kansas and at the Intensive Language Institute in Holzkirchen, Germany), Marshall University, and the German Language School of Morris Plains. Dr. Feuerle's study of foreign language acquisition also includes work in applied linguistics and in teaching English as a Second Language. She has taught English to non-native speakers at the Pädagogische Hochschule in Kiel, Germany, and to upper-echelon executives at companies both in Germany and in the United States. After receiving an undergraduate degree in German and English from the University of Vermont, Ms. Feuerle studied Germanistik for two years at the Christian-Albrechts-Universität in Kiel, Germany where she wrote her master's thesis in German under Dr. Erich Trunz. Ms. Feuerle also studied in Vienna and attended the Akademie für bildende Künste in Salzburg, Austria. She has worked and studied in German-speaking countries for an extended period of time. She has translated a number of books and law review articles as well as a wide variety of other legal materials from German into English. She holds both a Ph.D. from the University of Kansas and a J.D. from the School of Law at New York University.

Conrad J. Schmitt

Mr. Schmitt was Editor-in-Chief of Foreign Language, ESL, and bilingual publishing with McGraw-Hill Book Company. Prior to joining McGraw-Hill, Mr. Schmitt taught languages at all levels of instruction, from elementary school through college. He has taught Spanish at Montclair State College, Upper Montclair, New Jersey; French at Upsala College, East Orange, New Jersey; and Methods of Teaching a Foreign Language at the Graduate School of Education, Rutgers University, New Brunswick, New Jersey. He also served as Coordinator of Foreign Languages for the Hackensack, New Jersey Public Schools. Mr. Schmitt is the author of *Schaum's Outline of Spanish Grammar, Schaum's Outline of Spanish Vocabulary, Español: Comencemos, Español: Sigamos*, and the *Let's Speak Spanish* and *A Cada Paso* series. He is the coauthor of *Español: A Descubrirlo, Español: A Sentirlo, La Fuente Hispana*, the McGraw-Hill Spanish: *Saludos, Amistades, Perspectivas, Le Français: Commençons, Le Français: Continuons*, the McGraw-Hill French: *Rencontres, Connaissances, Illuminations, Schaum's Outline of Italian Grammar, Schaum's Outline of Italian Vocabulary*, and *Schaum's Outline of German Vocabulary*. Mr. Schmitt has traveled extensively throughout France, Martinique, Guadeloupe, Haiti, North Africa, Spain, Mexico, the Caribbean, Central America, and South America. He presently devotes his full time to writing, lecturing, and teaching.

Preface

To the Student

The purpose of the series *Communicating in German* is to provide the learner with the language needed to survive in situations in which German must be used. The major focus of the series is to give the learner essential vocabulary needed to communicate in everyday life. The type of vocabulary found in this series is frequently not presented in basal textbooks. For this reason, many students of German are reduced to silence when they attempt to use the language to meet their everyday needs. The objective of this series is to overcome this frustrating problem and to enable the learner to express himself or herself in practical situations.

The series consists of three books, which take the learner from a novice or elementary level of proficiency to an advanced level. The first book in the series presents the vocabulary needed to survive at an elementary level of proficiency and is intended for the student who has not had a great deal of exposure to the German language. The second book takes each communicative topic and provides the student with the tools needed to communicate at an intermediate level of proficiency. The third book is intended for the student who has a good basic command of the language but needs the specific vocabulary to communicate at a high intermediate or advanced level of proficiency. Let us take the communicative topic "speaking on the telephone" as an example of the way the vocabulary is sequenced in the series. The first book enables the novice learner to make a telephone call and leave a message. The second book expands on this and gives the learner the tools needed to place different types of calls. The third book provides the vocabulary necessary to explain the various problems one encounters while telephoning and also enables the speaker to get the necessary assistance to rectify the problems.

Since each chapter focuses on a real-life situation, the answers to most exercises and activities are open-ended. The learner should feel free to respond to any exercise based on his or her personal situation. When doing the exercises, one should not focus on grammatical accuracy. The possibility of making an error should not inhibit the learner from responding in a way that is, in fact, comprehensible to any native speaker of the language. If a person wishes to perfect his or her knowledge of grammar or structure, he or she should consult *Schaum's Outline of German Grammar, 3/ed.*

In case the student wishes to use this series as a reference tool, an Appendix appears at the end of each book. The Appendix contains an English-German vocabulary list that relates to each communicative topic presented in the book. These topical lists are cumulative. The list in the third book contains all the words in the first, second, and third books that are related to the topic.

In each lesson, the section entitled **Aus dem Alltag** sets up hypothetical situations the learner may encounter while attempting to survive in a German-speaking milieu. In carrying out the instructions in these activities, the student should react using any German he or she knows. Again, the student should not be inhibited by fear of making an error.

The section entitled **Einblick ins Leben** gives the learner the opportunity to see and read realia and articles that come from all areas of the German-speaking world. The intent of this section is to give the learner exposure to the types of material that one must read on a daily basis. It is hoped that the learner will build up the confidence to take an educated guess at what "real things" are all about without necessarily understanding every word. Communicating in the real world very often involves getting the main idea rather than comprehending every word.

To the Instructor

The series *Communicating in German* can be used as a self-instruction tool or as a supplement to any basal text. The first book is intended for novice to low intermediate speakers according to the ACTFL Guidelines. The second book provides the type of vocabulary needed to progress from a low to high intermediate level of proficiency, and the third book, from the high intermediate to the advanced level.

The series is developed to give students the lexicon they need to communicate their needs in real-life situations. It is recommended that students be permitted to respond to the exercises and activities freely without undue emphasis on syntactical accuracy.

To order, please specify ISBN 0-07-056934-7 for the novice/elementary level, ISBN 0-07-056938-X for the intermediate level, and ISBN 0-07-056941-X for the advanced level. For the latest prices, please call McGraw-Hill's customer relations department at 1-800-338-3987.

Lois M. Feuerle
Conrad J. Schmitt

Contents

Getting Started

Kapitel 1

Begrüßungen

Wortschatz

When you greet someone, you would use the following expressions, depending upon the time of day:

Morning	**Guten Morgen.**
Morning and afternoon	**Guten Tag.**
Evening	**Guten Abend.**
Before retiring	**Gute Nacht.**

Übung 1 Do the following.

1. Say "Hello" to someone in German.
2. Say "Good evening" to someone.
3. Say "Good night" to someone.

Some other greetings that are frequently used by German-speaking people in less formal situations include:

Tag!
Abend!
Grüß dich!

Übung 2   Do the following.

1. Say "Hi" to someone in German.

In German, as in English, it is common and polite to ask someone how he or she is as a part of the greeting. In a formal situation, you would ask:

Wie geht es Ihnen?

The response might be:

(Es geht mir) gut, danke. Und Ihnen?

In a less formal situation, you would ask:

Wie geht's?

The answer in a less formal exchange might be any of the following:

Es geht.
Ganz gut.
Nicht schlecht.

Übung 3   Respond to the following.

1. Guten Tag.
2. Wie geht es Ihnen?
3. Grüß dich!
4. Wie geht's?
5. Guten Abend, Herr Schmidt.

Gespräch

—Guten Tag, Herr Mathias.
—Guten Tag, Frau Lorenzen. Wie geht es Ihnen?
—Sehr gut, danke. Und Ihnen?
—Sehr gut, danke.

A less formal version of the preceding conversation might be:

—Tag, Jens.
—Tag, Eva. Wie geht's?
—Es geht. Und dir?
—Nicht schlecht, danke.

AUS DEM ALLTAG

Beispiel 1

You are walking down a street in Augsburg in southern Germany.
1. It is 11:00 A.M. and you run into someone whom you know only casually. Greet the person.
2. Ask her how she is.
3. She asks you how you are. Respond.

Beispiel 2

You are walking down the street in Travemünde.
1. It is 8:30 P.M. and you run into someone whom you know quite well. Greet him.
2. Ask him how he is.
3. He asks you how you are. Respond.

Kapitel 2

Verabschieden

Wortschatz

A very common expression to use when taking leave of someone is:

Auf Wiedersehen!

If someone were to say **Auf Wiedersehen!** to you, you would respond with the same expression:

Auf Wiedersehen!

Expressions that convey the idea that you will be seeing one another again in the not-too-distant future are:

Bis später.
Bis nachher.
Bis morgen.

If you know you will be seeing the person very soon, you could say:

Bis bald.
Bis gleich.

Other popular expressions of farewell used especially among young people are:

Tschüß!
Tschau!

Tschau comes from the Italian word **Ciao!**

The response to **Tschüß!** or **Tschau!** would be another **Tschüß!** or **Tschau!**

Übung 1   Respond to the following.

1. Auf Wiedersehen.
2. Bis bald.
3. Bis morgen.
4. Bis später.
5. Bis gleich.
6. Tschüß.

Gespräch

—Guten Tag, Herr Albrecht.
—Guten Morgen, Frau Witt. Wie geht es Ihnen?
—Es geht mir gut, danke. Und Ihnen?
—Danke, gut.
—Auf Wiedersehen, Herr Albrecht.
—Auf Wiedersehen, Frau Witt.

A less formal version of the preceding encounter would be:

—Tag, Peter.
—Tag, Martina. Wie geht's?
—Es geht. Und dir?
—Nicht schlecht, danke.
—Tschüß, Peter.
—Tschüß, Martina.

Übung 2   With a colleague, carry on a short conversation that includes greetings and farewells.

AUS DEM ALLTAG

Beispiel 1

You are walking down a street in Innsbruck, Austria.
1. You are taking leave of an acquaintance. Say "Goodbye" to her.
2. You are taking leave of a person whom you know quite well. Say "So long" to him.
3. You know that you will be seeing one another again within the next couple of days. Say something to that effect.

Kapitel 3

Umgangsformen

Wortschatz

No matter what language you speak, it is important to be polite. "Please," "Thank you," and "You're welcome" are expressions that are always appreciated. The German equivalents for these courteous expressions are:

Bitte.
Danke (sehr, schön).
Bitte (sehr, schön).

Gespräch

In einem Café

—Eine Tasse Kaffee, bitte.
   (It arrives.)
—Danke sehr.
—Bitte schön.

Übung 1   Order the following things. Be polite when you give the waiter your order.

1. ein Schinkenbrot *(sandwich with ham)*
2. eine Cola
3. eine Tasse Tee
4. eine Tasse Kaffee
5. eine Limonade

Übung 2   What would you say?

1. The waiter just served you what you ordered.
2. Someone praised your work.
3. Someone said "Thank you" to you.

Wortschatz

If you are in a situation where you want to excuse yourself because you want to get through or pass someone, you would say:

Gestatten Sie.
Entschuldigung.
Verzeihung.

If you want to excuse yourself because you think you did something wrong, you would say:

Entschuldigen Sie.
Verzeihen Sie.

If another person should request your pardon, you could politely respond:

Macht nichts.
Das ist nicht schlimm.
Keine Sorge.

Übung 3   What would you say?

1. You want to get by a group of people.
2. You think you bumped into someone accidentally.

AUS DEM ALLTAG

Beispiel 1

You are at a little café in the town of Davos, Switzerland.

1. The waiter comes over. Order a sandwich. Be polite.
2. The waiter serves you the sandwich. Thank him.
3. The waiter brings you the check. Thank him.
4. You pay the check and he thanks you. Respond to his thanks.
5. You are leaving the café and you want to get by some people who are standing at the entrance. Excuse yourself.
6. As you were passing, you think you bumped into someone. Excuse yourself.

Kapitel 4

Ihr Name

Wortschatz

If you want to find out someone's name, you would ask:

Wie heißen Sie?

And if the person should ask you the same question, you would answer with just your name or the complete sentence:

Ich heiße (*your name*).

Gespräch

—Wie heißen Sie?
—Ich heiße Katrina. Katrina Hoffmann.
 Und wie heißen Sie?
—Ich heiße Werner. Werner Baumann.

Übung 1 Answer.

1. Wie heißen Sie?

Wortschatz

Since you have just met the person whose name you asked, other formalities are in order. You want to let the individual know that you are pleased to meet him or her, so you would say:

Es freut mich sehr, (Sie kennenzulernen).
Nett, Sie kennenzulernen.

And, in a formal situation, if someone said **Es freut mich sehr** to you, it would be proper to respond:

Ganz meinerseits.
Gleichfalls.

Gespräch

—Guten Tag.
—Guten Tag.
—Wie heißen Sie?
—Ich heiße Katrina. Katrina Hoffmann. Und wie heißen Sie?
—Ich heiße Werner. Werner Baumann.
—Nett, Sie kennenzulernen.
—Gleichfalls. Es freut mich sehr, Sie kennenzulernen.

Übung 2 Respond to the following.

1. Wie heißen Sie?
2. Es freut mich sehr, Sie kennenzulernen.

AUS DEM ALLTAG

Beispiel 1

You are in Tübingen, where you are studying at the University for the summer. You are speaking with another student, who is German.

1. Greet her.
2. Ask her her name.
3. She responds. Let her know that you are pleased to meet her.
4. She asks you your name. Respond.

Kapitel 5

Ihre Staatsangehörigkeit

Wortschatz

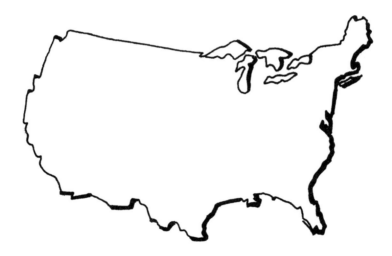

When people in a foreign country meet you for the first time, very often they want to know where you are from. They will ask:

Woher kommen Sie?

You would respond:

Ich komme aus den USA.
Ich komme aus New York.
Ich bin Amerikaner(in).

Übung 1 Answer.

1. Wie heißen Sie?
2. Woher kommen Sie?

Gespräch

—Woher kommen Sie, Frau Peters?
—(Ich komme) aus den USA.
—Ach so, Sie sind Amerikanerin.
—Ja, ich bin Amerikanerin.

—Woher kommen Sie, Herr Schmidt?
—(Ich komme) aus den USA.
—Ach so, Sie sind Amerikaner.
—Ja, ich bin Amerikaner.

Übung 2   Answer the following questions.

1. Wie heißen Sie?
2. Woher kommen Sie?
3. Sind Sie Amerikaner(in)?
4. Sie kommen aus welchem Staat?
5. Sie kommen aus welcher Stadt?

Wortschatz

When you first meet foreigners, the conversation usually turns to language. The person will probably want to know if you speak German. The person will ask:

Sprechen Sie Deutsch?

And you would respond:

Ja, ich spreche Deutsch.
Ja, ein bißchen.
Ja, aber nicht sehr gut.

You will probably want to know if the person speaks English, so you ask:

Sprechen Sie Englisch?

Übung 3 Answer the following questions.

1. Sprechen Sie Deutsch?
2. Sprechen Sie gut Deutsch oder nur ein bißchen?
3. Sprechen Sie Englisch?

Übung 4 Respond to the following.

1. Guten Tag.
2. Wie geht es Ihnen?
3. Wie heißen Sie?
4. Woher kommen Sie?
5. Was sind Sie für ein Landsmann?
6. Sprechen Sie Deutsch?
7. Sprechen Sie gut Deutsch oder nur ein bißchen?
8. Sprechen Sie Englisch?
9. Sie kommen aus welchem Staat?
10. Sie kommen aus welcher Stadt?

Gespräch

FREMDER	Guten Tag.
SIE	Guten Tag.
FREMDER	Wie heißen Sie?
SIE	Ich heiße *(your name)*. Und Sie?
FREMDER	Ich heiße Werner.
SIE	Es freut mich sehr, Sie kennenzulernen.
WERNER	Gleichfalls. Woher kommen Sie?
SIE	Ich komme aus New York.
WERNER	Ach, Sie sind Amerikaner(in).

SIE	Ja, ich bin Amerikaner(in).
WERNER	Sprechen Sie Deutsch?
SIE	Ja, ich spreche ein bißchen Deutsch. Aber nicht viel. Und Sie, sprechen Sie Englisch?

AUS DEM ALLTAG

Beispiel 1

You are in Graz, Austria. You are seated in a restaurant. Another diner starts to chat with you.

1. He asks you your name. Respond.
2. He asks you where you are from. Respond.
3. Tell him what city you are from.
4. He wants to know if you speak German. Respond.

Beispiel 2

You find the person in the restaurant in Graz pleasant, and you would like to continue the conversation with him.

1. Ask him his name.
2. Tell him you are pleased to meet him.
3. Ask him where he is from.
4. Ask him if he speaks English.

Kapitel 6

Zahlen

Wortschatz

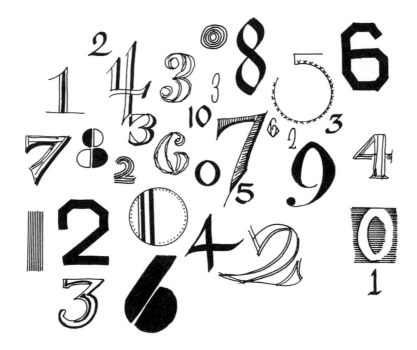

Do not try to learn all the numbers at once. Learn a few at a time and practice them frequently.

1	eins	11	elf
2	zwei	12	zwölf
3	drei	13	dreizehn
4	vier	14	vierzehn
5	fünf	15	fünfzehn
6	sechs	16	sechzehn
7	sieben	17	siebzehn
8	acht	18	achtzehn
9	neun	19	neunzehn
10	zehn	20	zwanzig

Übung 1   Give the following numbers in German.

1. 12	4. 19
2. 4	5. 7
3. 16	

Read the following numbers between 21 and 100:

21	einundzwanzig	30	dreißig
22	zweiundzwanzig	40	vierzig
23	dreiundzwanzig	50	fünfzig
24	vierundzwanzig	60	sechzig
25	fünfundzwanzig	70	siebzig
26	sechsundzwanzig	80	achtzig
27	siebenundzwanzig	90	neunzig
28	achtundzwanzig	100	hundert
29	neunundzwanzig		

Übung 2   Read the following prices.

1. 40 Deutsche Mark (DM) *(Germany)*
2. 25 Schilling (ÖS) *(Austria)*
3. 80 Franken (SFR) *(Switzerland)*
4. 76 Schilling (ÖS) *(Austria)*
5. 99 Franken (SFR) *(Switzerland)*

Übung 3   Give the following telephone numbers. Use the model as a guide.

BEISPIEL   316 31 46 79
           drei eins sechs einunddreißig sechsundvierzig neunundsiebzig

1. 764 30 11 17
2. 897 41 50 69
3. 841 76 93 43
4. 763 26 14 12

Note the formation of numbers greater than 200:

200	zweihundert	213	zweihundertdreizehn
300	dreihundert	350	dreihundertfünfzig
400	vierhundert	459	vierhundertneunundfünfzig
500	fünfhundert	570	fünfhundertsiebzig
600	sechshundert	679	sechshundertneunundsiebzig
700	siebenhundert	785	siebenhundertfünfundachtzig
800	achthundert	891	achthunderteinundneunzig
900	neunhundert	999	neunhundertneunundneunzig
1000	tausend	1008	tausendundacht
2000	zweitausend	2500	zweitausendfünfhundert

Übung 4   Read the following prices.

1. 410 DM
2. 1.250 Sfr
3. 792 DM
4. 558 DM
5. 10.000 ÖS

Übung 5   Read the following important dates.

1. 1492   Die Entdeckung der neuen Welt
2. 1776   Die Unabhängigkeit der Vereinigten Staaten
3. 1961   Die Berliner Mauer
4. 1990   Die Wiedervereinigung Deutschlands

Kapitel 7

Preise

Wortschatz

If you want to know how much something costs, you would ask:

Wieviel kostet das?

You may wish to be more polite and add **Entschuldigen Sie, bitte:**

Entschuldigen Sie, bitte, wieviel kostet das?

If you have received or purchased several items, you may ask:

Wieviel macht das?

Übung 1   Ask how much the following items are.

1. eine Tasse Kakao
2. ein Schinkenbrot
3. eine Limonade
4. eine Tasse Tee
5. eine Tasse Kaffee
6. ein Omelett

Gespräch

KELLNER	Möchten Sie bestellen?
SIE	Eine Cola bitte.
KELLNER	Sofort.
	(He serves.)
SIE	Danke schön.
KELLNER	Bitte sehr.
SIE	Wieviel kostet die Cola, bitte?
KELLNER	Drei Mark.

AUS DEM ALLTAG

Beispiel 1

You are in a lovely outdoor café on the island of Sylt.
1. The waiter comes to your table. Order a soft drink.
2. The waiter brings you the soft drink. Say something to him.
3. Ask the waiter how much it is.

Kapitel 8

Die Uhrzeit

Wortschatz

If you want to know the time, you could ask either of the following two questions:

Wie spät ist es?
Wieviel Uhr ist es?

Übung 1   Do the following.

1. Ask someone the time.

A.M.

1:00	Es ist eins (ein Uhr).	1:30	Es ist ein Uhr dreißig.
2:00	Es ist zwei (Uhr).	2:15	Es ist zwei Uhr fünfzehn.
3:00	Es ist drei (Uhr).	3:05	Es ist drei Uhr fünf.
4:00	Es ist vier (Uhr).	4:10	Est ist vier Uhr zehn.
5:00	Es ist fünf (Uhr).	5:20	Es ist fünf Uhr zwanzig.
6:00	Es ist sechs (Uhr).	6:25	Es ist sechs Uhr fünfundzwanzig.
7:00	Es ist sieben (Uhr).	7:40	Es ist sieben Uhr vierzig.
8:00	Es ist acht (Uhr).	8:55	Es ist acht Uhr fünfundfünfzig.
9:00	Es ist neun (Uhr).	9:35	Es ist neun Uhr fünfunddreißig.
10:00	Es ist zehn (Uhr).	10:45	Es ist zehn Uhr fünfundvierzig.
11:00	Es ist elf (Uhr).	11:50	Es ist elf Uhr fünfzig.

P.M.

12:00	Es ist zwölf (Uhr).	12:00	Es ist Punkt zwölf Uhr.
13:00	Es ist dreizehn (Uhr).	13:30	Es ist dreizehn Uhr dreißig.
14:00	Es ist vierzehn (Uhr).	14:14	Es ist vierzehn Uhr vierzehn.

Es ist Mittag.
Es ist Mitternacht.

NOTE   There are two ways to tell time in German. The pattern shown above is used with the 24-hour clock, which is typically used in official situations, i.e. timetables, radio and TV program guides, for stating the official business hours of banks and other commercial establishments, etc. In more informal situations a 12-hour clock is used, adding the qualifiers **morgens, nachmittags, abends,** or **nachts** for emphasis or clarity in distinguishing A.M. from P.M. This more conversational method of telling time uses expressions like:

Es ist fünf Minuten nach eins.
Es ist viertel nach zwei.
Es ist halb drei.
Es ist viertel vor vier.
Es ist fünf Minuten vor fünf.
Es ist sieben Uhr morgens.
Es ist sechs Uhr abends.

Please note in particular that **halb drei** is 2:30 (half past two).

In writing the time in numerals, German uses a period instead of a colon, e.g. **9.20** or **16.30**.

Übung 2   Give the following times in German.

1. 1:00 A.M.	5. 6:45 P.M.
2. 4:00 P.M.	6. 8:10 A.M.
3. 5:30 P.M.	7. 8:50 P.M.
4. 6:15 A.M.	8. 11:04 P.M.

If you want to know at what time something takes place, you would ask:

Um wieviel Uhr findet *(the event)* **statt?**

Übung 3   Ask at what time the following events take place.
1. das Konzert
2. die Deutschstunde
3. die Party
4. das Theaterstück
5. der Film

AUS DEM ALLTAG

Beispiel 1

You are walking down the street in Berlin. You want to know the time.
1. Stop someone and excuse yourself.
2. Ask the person if she has the time.
3. The person said it is ten to two. Repeat the time.
4. Thank the person.

Kapitel 9

Wo ist… ?

Wortschatz

In a foreign country when you do not know your way, you have to inquire where
something is. You would ask:

Wo ist das Hotel?

Übung 1 Ask where the following places are.

1. das Hotel
2. die Bank
3. das Krankenhaus (*hospital*)
4. die Apotheke
5. das Theater
6. der Kurfürstendamm (Kudamm)
7. der Park

8. das Restaurant „Zum Frankenwirt"
9. das Café Bellevue
10. das Kino
11. der Dom *(cathedral)*
12. die Universität

Gespräch

—Entschuldigen Sie, bitte.
—Ja?
—Wo ist das Hotel zur alten Post?

Wortschatz

A most important question for you to be able to ask someone is where the restroom is. For public facilities the most common expression is:

Entschuldigen Sie, bitte, wo sind die Toiletten?

AUS DEM ALLTAG

Beispiel 1

You are walking down the street in Aachen. You stop someone.
1. Excuse yourself.
2. Ask the woman where the pharmacy is.
3. Thank her.

Beispiel 2

You are in a restaurant in Kiel and you need to use the facilities. Ask someone where they are.

Kapitel 10

Das Datum

Wortschatz

Die Tage

Sonntag   Montag   Dienstag   Mittwoch   Donnerstag   Freitag   Samstag (Sonnabend)

Heute ist Montag.
Morgen ist Dienstag.
Gestern war Sonntag.

Übung 1 Answer.
1. Welcher Tag ist heute?
2. Welcher Tag ist morgen?
3. Welcher Tag war gestern?

Die Monate

Januar Februar März April Mai Juni Juli August

September Oktober November Dezember

NOTE In Austria, *January* is called **Jänner**.

Die Jahreszeiten

Winter	Dezember, Januar, Februar
Frühling	März, April, Mai
Sommer	Juni, Juli, August
Herbst	September, Oktober, November

Übung 2   Name the months when you do the following.

1. Ich studiere.
2. Ich mache Urlaub.

Übung 3   Tell the months.

1. die Sommermonate
2. die Herbstmonate
3. die Frühlingsmonate
4. die Wintermonate

Übung 4   Give the season the month falls in.

1. Januar
2. August
3. Mai
4. November

Das Datum

Heute ist der erste April. Vorsicht!
Heute ist der siebzehnte Juni.
Heute ist der vierte Juli.
Heute ist der fünfundzwanzigste Dezember.

Übung 5   Give the following information.

1. das Datum heute
2. das Datum morgen
3. Ihr Geburtstag *(birthday)*

Communicative Topics

Kapitel 11

Das Telefonieren

Wortschatz

die Vorwählnummer

die Telefonnummer

089 76 69 01

telefonieren/jemanden anrufen

das Telefonbuch

das Telefon, der Fernsprecher

der öffentliche Fernsprecher/Münzfernsprecher

NOTE   The German equivalent for the English expression "telephone booth" is **Telefonzelle.**

Übung 1   Answer the questions based on the illustration.

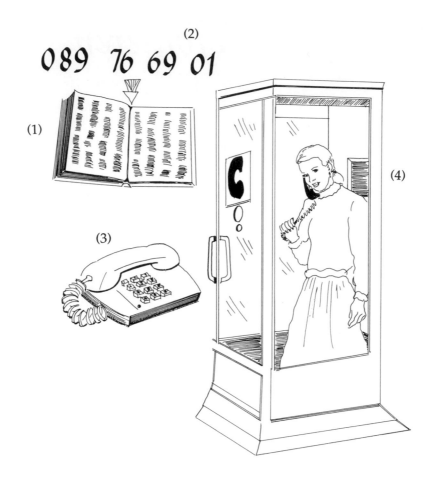

1. Ist das ein Telefonbuch oder eine Telefonzelle?
2. Ist das die Telefonnummer oder die Vorwählnummer?
3. Ist das ein öffentlicher Fernsprecher oder ein Privatanschluß *(residential telephone)?*
4. Telefoniert die Frau oder schickt sie ein Telegramm?

Übung 2   Complete the statements with the correct expressions.

1. Ich habe die Telefonnummer nicht. Ich suche sie im _____.
2. Rolf Meier. Die _____ ist 42-75-28-11.
3. Ich will mit Rolf Meier sprechen. Ich will ihn _____.
4. Ich habe kein Telefon. Ich muß ihn von einer _____ aus anrufen.

Gespräch

Ein Telefonanruf

FRAU	Hier Meier.
SIE	Hier ist Rolf Sachse. Ist Herr Meier da?
FRAU	Augenblick, bitte. *Bleiben Sie am Apparat.*

Stay on the line.

Übung 3 Do the following.

1. You are making a telephone call to a Miss Kathrin Becker. Someone else answers the phone. Ask if Kathrin is there.
2. The situation is reversed. Your telephone is ringing. Answer the phone.
3. Tell the person to hold for a moment. You will get the person he wants.

AUS DEM ALLTAG

Beispiel 1

You are in Germany and you want to make a telephone call, but you do not know the person's telephone number. Ask someone where a telephone book is.

Beispiel 2

You are on the Alster Ufer in Hamburg and you want to telephone someone. Ask someone where there is a public telephone.

Kapitel 12

Auf der Post

Wortschatz

die Briefmarke

der Briefmarkenautomat

der Aerogramm

die Postkarte

der Briefkasten

der Schalter

einen Brief einstecken/einwerfen

POST

The following are questions you may need to ask:

Wo ist *die Post (das Postamt)*?
Wieviel ist *das Porto*?

post office
postage

But normally to find out how much it will cost to send a letter, you would merely ask:

Wieviel kostet ein Brief in die USA?

Übung 1 Answer the questions based on the illustration.

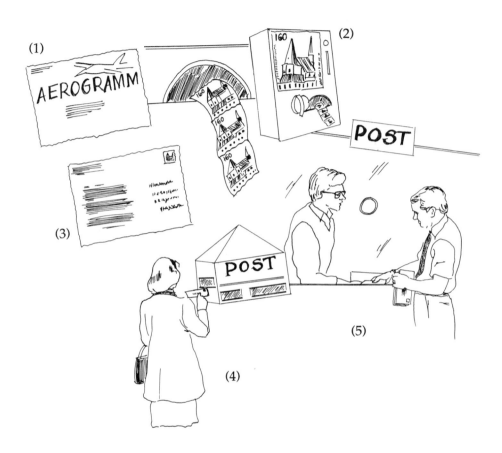

1. Ist das eine Postkarte oder ein Aerogramm?
2. Ist das ein Briefmarkenautomat oder ein Briefkasten?
3. Ist das ein Brief oder eine Postkarte?
4. Gibt die Frau dem Postbeamten den Brief oder steckt sie den Brief in den Briefkasten ein?
5. Steht der Mann am Schalter im Postamt oder im Bahnhof?

Übung 2 Answer the questions with one or more words.

1. Wieviel kostet ein Brief innerhalb der USA?
2. Und wieviel kostet eine Postkarte?
3. Kann man in den USA Briefmarken vom Automat kaufen?

Gespräch

Auf der Post

Sie	Wieviel kostet eine Postkarte in die USA?
Postbeamter	Per Luftpost kostet sie 75 Pfennig.
Sie	Vier Briefmarken zu 75 Pfennig bitte.
Postbeamter	Hier sind die vier Briefmarken. Das macht drei Mark zusammen.
Sie	Danke. Und wo ist ein Briefkasten?
Postbeamter	Draußen. Links vom Eingang.

Übung 3 Pretend that you are the person in the preceding conversation. Answer the questions.

1. Sind Sie auf der Post oder im Café?
2. Kaufen Sie Briefmarken am Schalter oder von einem Briefmarkenautomat?
3. Wollen Sie Postkarten oder Briefe schicken?
4. Stecken Sie Ihre Postkarten in einen Briefkasten oder in einen Briefmarkenautomat ein?

Übung 4 Complete the statements based on the preceding conversation.

1. Ich will zehn Postkarten schicken. Ich muß zehn _____ kaufen.
2. Das Porto für eine Postkarte von Deutschland in die USA kostet _____.

AUS DEM ALLTAG

Beispiel 1

You are on a street in Bremerhaven and you want to mail something home. Ask someone where the post office is.

Beispiel 2

You are in the post office in Greifswald. You want to send some postcards to your friends back home.
1. You want to know how much the postage is. Ask the postal clerk.
2. He wants to know whether you are going to mail letters, aerograms, or postcards. Tell him.
3. You need three stamps. Tell him.

Beispiel 3

You are walking down a street in Zürich. You are looking for a mailbox. Stop someone and ask where one is.

EINBLICK INS LEBEN

Beispiel 1

Read the following information, which was written for German tourists coming to the United States.

Postämter in den USA sind normalerweise montags bis freitags von 8.00 bis 18.00 Uhr geöffnet, und samstags morgens von 8.00 bis 12.00 Uhr. Es gibt allerdings lokale Unterschiede. Die Hauptpost in New York City ist 24 Stunden am Tag geöffnet. Briefkästen in den USA sind blau mit der Aufschrift "US Mail". Briefmarken kann man auch von Briefmarkenautomaten in Hotels, Bahnhöfen, Flughafen und sonstigen Geschäften kaufen.

Carry out the following based on the information you just read.

1. Tell a German friend what the post office hours are in the United States.
2. Tell your German friend that the main post office is open twenty-four hours a day.
3. Tell your friend that he or she can get stamps in a stamp machine.

Kapitel 13

Die Bank

Wortschatz

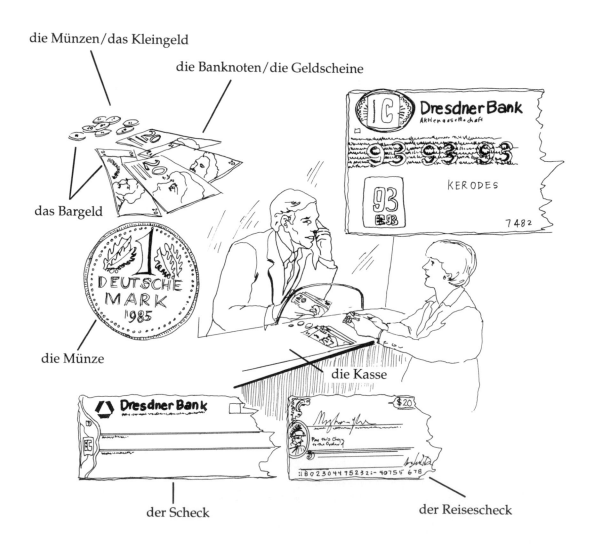

die Münzen/das Kleingeld

die Banknoten/die Geldscheine

das Bargeld

die Münze

die Kasse

der Scheck

der Reisescheck

Read the following:

Können Sie einen Zwanzigmarkschein *wechseln?*	*change*
Haben Sie zwanzig Mark klein?	
Ich will *bar* bezahlen.	*cash*

GELDWECHSEL

die Wechselstube

Geld wechseln

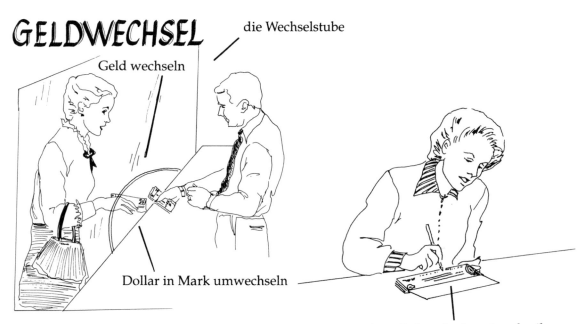

Dollar in Mark umwechseln

einen Reisescheck unterschreiben

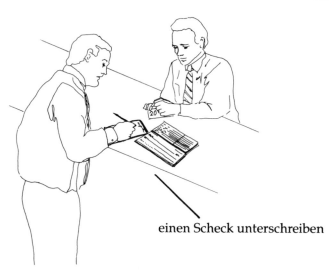

einen Scheck unterschreiben

Übung 1   Answer the questions based on the illustrations.

Die Wechselstube

(1, 2, 3)

Die Bank

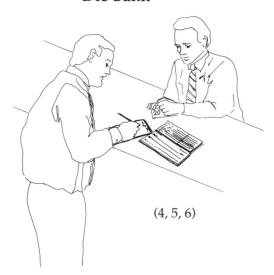

(4, 5, 6)

1. Hat die Frau Bargeld oder einen Scheck?
2. Hat sie Scheine oder Münzen?
3. Ist sie in einer Wechselstube oder in einer Bank?
4. Hat der Herr Bargeld oder einen Reisescheck?
5. Unterschreibt er einen Scheck oder einen Geldschein?
6. Wechselt er Geld in einer Bank oder in einer Wechselstube?

Übung 2 Answer the questions with one or more words.

1. Wo ist Frau Runge?
2. Was wechselt sie?
3. Was hat sie?
4. Was unterschreibt Herr Beck?

Gespräch

In der Bank oder Wechselstube

KUNDE	Bitte, ich möchte zwanzig Dollar in Mark umwechseln.
ANGESTELLTER	Gerne.
KUNDE	Wie steht der *Wechselkurs* heute?
ANGESTELLTER	Für Bargeld oder für Reiseschecks?
KUNDE	Für Reisechecks.
ANGESTELLTER	Der Dollar steht heute bei einer Mark siebzig.
KUNDE	Sehr gut.
ANGESTELLTER	Bitte unterschreiben Sie Ihre Schecks hier unten.
KUNDE	Ach, ja.
ANGESTELLTER	Ihren Reisepaß, bitte.
KUNDE	Bitte.
ANGESTELLTER	Gut. Gehen Sie bitte zur Kasse.

exchange rate

Übung 3 Complete the statements based on the preceding conversation.

1. Der Herr will _____ wechseln.
2. Heute steht der Dollar bei _____.
3. Der Herr will kein Bargeld wechseln. Er hat _____.
4. Er unterschreibt einen _____.
5. Er gibt dem Angestellten seinen _____.

Übung 4 Pretend you are in Austria and you have to change some money. Answer the following questions with one or more words.

1. Wollen Sie Geld wechseln?
2. Suchen Sie eine Bank oder eine Wechselstube?
3. Wieviel Geld wollen Sie wechseln?
4. Haben Sie Bargeld?
5. Haben Sie Reiseschecks?
6. Muß man den Scheck unterschreiben?
7. Muß der Angestellte Ihren Reisepaß sehen?
8. Haben Sie Ihren Reisepaß?

Ein kleines Geldproblem

KARL	Ich habe nur *große Scheine*.	*big bills*
MARTINA	Brauchst du Kleingeld?	
KARL	Ja. Kannst du mir einen Fünfzigmarkschein wechseln?	
MARTINA	Klar. Hier sind zwei Zwanzigmarkscheine und ein Zehner.	
KARL	Aber ich brauche Kleingeld zum Telefonieren. Hast du Münzen?	
MARTINA	Sicher. Hier sind zehn Mark klein.	
KARL	Danke sehr.	
MARTINA	Nichts zu danken.	

Übung 5 Based on the preceding conversation between Karl and Martina, correct each false statement.

1. Karl hat nur große Scheine.
2. Er braucht große Scheine.
3. Martina kann ihm kein Kleingeld geben.
4. Sie gibt ihm zwei Zwanzigmarkscheine und einen Zehner.
5. Martina hat viele Münzen.

Übung 6 Answer the questions based on the cues.

1. Haben Sie große Scheine oder Münzen? *große Scheine*
2. Brauchen Sie Kleingeld? *ja*
3. Haben Sie einen Hundertmarkschein? *nein, einen Fünfziger*
4. Wollen Sie kleinere Scheine? *ja*
5. Brauchen Sie auch Münzen? *ja*

AUS DEM ALLTAG

Beispiel 1

You are in a bank in Hamburg, Germany.
1. You want to change some dollars. Tell the teller.
2. The teller wants to know how much money you want to exchange. Tell him.
3. Ask the teller the exchange rate.
4. The teller wants to know whether you have cash or traveler's checks. Tell him.
5. The teller gives you all large bills. Tell him that you need some smaller bills.
6. He gives you smaller bills, but you also need some small change. Ask him if he can give you change.

EINBLICK INS LEBEN

Beispiel 1

Look at the following chart, which recently appeared in a German newspaper.

WECHSELKURSE	STAND 5.10.92	VOR EINER WOCHE	VOR EINEM MONAT	VOR EINEM JAHR
DM/US Dollar	1.40	1.45	1.40	1.67
DM/Brit. Pfund	2.39	2.51	2.80	2.91
DM/100 Jap. Yen	1.17	1.21	1.13	1.28
DM/Schw. Franken	1.14	1.14	1.12	1.14
DM/ECU	1.95	1.98	2.03	2.05

NOTE   *ECU = European Currency Unit*

Complete the statements based on the preceding chart.
1. Am 5.10.92 bekam man _____ DM für den Dollar.
   a. 1.40   b. 2.39   c. 1.67
2. Vor einem Jahr bekam man _____ DM für den Dollar.
   a. 1.40   b. 1.45   c. 1.67

3. Der Wert des Dollars ist während des Jahres _____.
   a. gestiegen   b. gefallen   c. gleich geblieben
4. Für 100 Yen bekam man vor einer Woche _____ DM.
   a. 1.17   b. 1.21   c. 1.13
5. Am 5.10.92 war der Wechselkurs für DM/Schweizer Franken 1.14. Vor einem Jahr war der Wechselkurs auch 1.14. Der Wert des Schweizer Franken ist während des Jahres _____.

   a. gestiegen   b. gefallen   c. gleich geblieben

Kapitel 14

Sich Zurechtfinden

Wortschatz

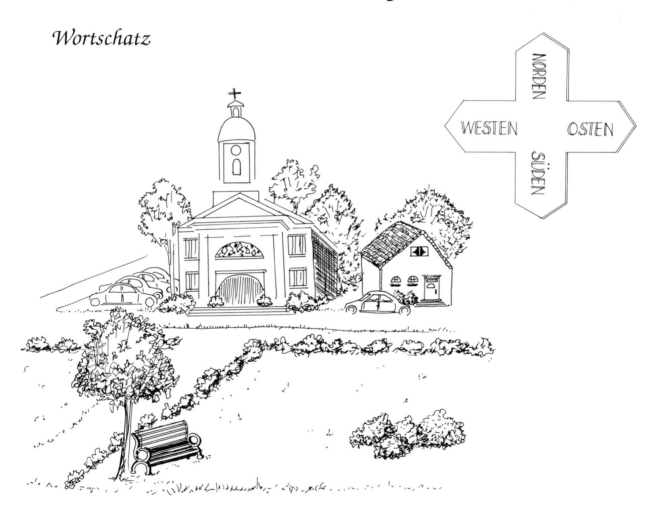

Rechts von der Kirche ist ein Haus.
Die Kirche ist links.
Neben dem Haus ist eine Kirche.
Gegenüber der Kirche ist ein Park.
Ein Auto steht vor dem Haus.
Hinter dem Haus sind Bäume.

Die Fußgänger gehen über die Straße.
Die Frau geht nach rechts.

Übung 1   Give the opposite of each of the following.

1. links
2. osten
3. vor
4. norden

Übung 2   Match.

1. ____ next to   a. rechts
2. ____ to the right   b. links
3. ____ behind   c. hinter
4. ____ across from   d. vor
5. ____ in front of   e. neben
6. ____ to the left   f. gegenüber

Übung 3 Complete the statements based on the illustration.

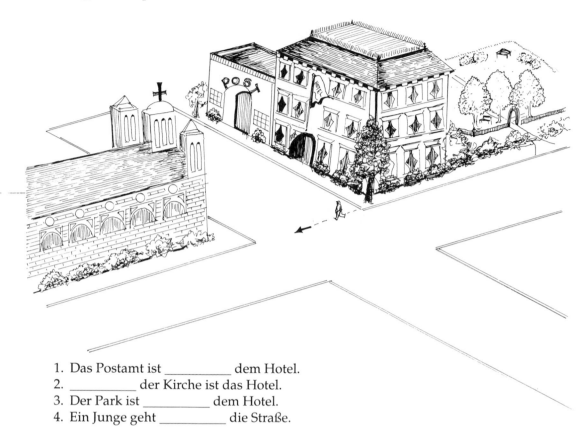

1. Das Postamt ist _____ dem Hotel.
2. _____ der Kirche ist das Hotel.
3. Der Park ist _____ dem Hotel.
4. Ein Junge geht _____ die Straße.

Gespräch

Wo ist... ?

SIE	Entschuldigen Sie bitte. Wo ist das Hotel Drei Könige?
FUßGÄNGER	In der Holtenauer Straße.
SIE	Ich bin hier fremd. Wo ist die Holtenauer Straße?
FUßGÄNGER	Gehen Sie geradeaus, dann rechts in die Bergstraße, dann links in die Hauptmann Straße. Die dritte Straße links ist die Holtenauer Straße.
SIE	Geradeaus—rechts—links—drei Straßen weiter, dann—
FUßGÄNGER	Wieder links. Und dort steht das Hotel Drei Könige. Dem schönen, kleinen Park gegenüber.

Übung 4   Answer the questions based on the preceding conversation.

1. Wo ist das Hotel Drei Könige?
2. Geht man zuerst nach rechts?
3. Dann geht man nach rechts oder nach links?
4. Ist die Holtenauer Straße rechts oder links?
5. Was liegt dem Hotel gegenüber?

AUS DEM ALLTAG

Beispiel 1

You are walking down a street in Klagenfurt. You want to know where the Hotel Terminus is. Ask someone.

Beispiel 2

A person stops you on a street in your hometown. The person has trouble speaking English, but he knows German. He wants to know where the pharmacy is. To the best of your ability, give the person directions to the pharmacy **(die Apotheke)** in German.

EINBLICK INS LEBEN

Beispiel 1

Look at the partial map **(der Stadtplan)** of Munich on page 53. Then do the following based on the map.
1. You are standing on the corner of Ludwigstr. and Adalbertstr. Someone asks you how to get to the Altes Rathaus. Give the person directions.
2. You are standing on Karlsplatz. Someone asks you how to get to the university. Give the person directions.

Kapitel 15

Der Flughafen

Wortschatz

der Flugkartenschalter

der Ticketagent

das Gepäck

die Koffer

LUFTHANSA

das Flugzeug

der Paß

die Bordkarte

das Visum

das Raucherabteil

das Nichtraucherabteil

die Flugkarte

Übung 1 Answer with one or more words based on the illustration.

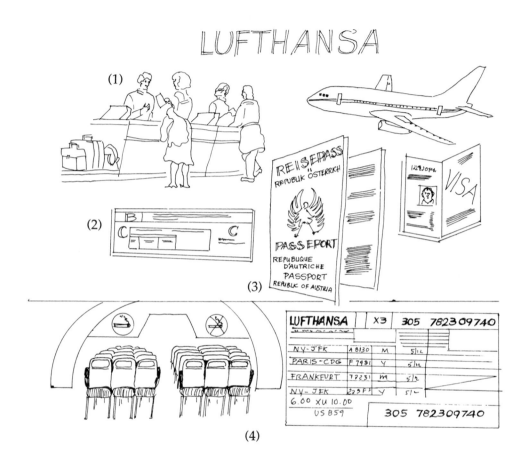

1. Ist der Mann Ticketagent oder Fluggast (Passagier)?
2. Ist das eine Flugkarte oder eine Bordkarte?
3. Ist das ein Paß oder ein Visum?
4. Ist das ein Raucher- oder Nichtraucherabteil?

Übung 2 Answer the questions based on the cues.

1. Für welche Stadt ist die Flugkarte? *Berlin*
2. Hat der Fluggast Gepäck? *ja*
3. Wie viele Koffer hat sie? *zwei*
4. Hat sie ihren Paß? *ja*
5. Ist er ein amerikanischer Paß? *ja*
6. Hat der Fluggast eine Bordkarte? *ja*

Gespräch

Am Flugkartenschalter

TICKETAGENT	Ihre Flugkarte bitte.
FLUGGAST	Bitte.
TICKETAGENT	Flugnummer 803 nach Berlin. Ihren Paß bitte.
FLUGGAST	Bitte.
TICKETAGENT	Wieviele Koffer haben Sie?
FLUGGAST	Zwei Stück.
TICKETAGENT	Also zwei Koffer *aufgeben* nach Berlin. Wollen Sie *checked*
	Raucher oder Nichtraucher?
FLUGGAST	Nichtraucher bitte. Einen *Sitzplatz* am Fenster, *seat*
	wenn es geht.
TICKETAGENT	Ich habe nur noch einen Sitzplatz am *Gang*. Geht das? *aisle*
FLUGGAST	Das geht.
TICKETAGENT	Hier ist Ihre Bordkarte. Sie haben *Sitz* C, *Reihe* 23. *seat/row*
	Abflug ist um zwanzig Uhr dreißig, *Flugsteig* fünf. *gate*
FLUGGAST	Danke schön.

Übung 3   Complete the statements based on the preceding conversation.

1. Herr Langhans fliegt nach _____.
2. Er nimmt Flug Nummer _____.
3. Er hat nicht viel _____.
4. Er hat zwei _____.
5. Der _____ gibt seine zwei Koffer nach Berlin auf.
6. Herr Langhans bittet um einen Sitzplatz _____.
7. Er hat Sitz Nummer _____.
8. Der Flug nach Berlin fliegt vom Flugsteig _____ ab.
9. Der Flug nach Berlin fliegt um _____ ab.

Übung 4   Pretend you are Mr. Langhans and you are about to leave for Berlin. Answer the following questions with one or more words.

1. Wohin fliegen Sie?
2. Haben Sie Ihre Flugkarte?
3. Ihre Flugkarte bitte.
4. Sind Sie Amerikaner oder Deutscher?
5. Ihren Paß bitte.
6. Wie viele Koffer haben Sie?
7. Sind Sie Raucher?
8. Wollen Sie lieber Raucher oder Nichtraucher?

9. Wollen Sie lieber am Fenster oder am Gang sitzen?
10. Um wieviel Uhr ist der Flug nach Berlin?
11. Von welchem Flugsteig geht der Flug?

AUS DEM ALLTAG

Beispiel 1

You are at the Hamburg Airport. You need some information.
1. The flight to New York has been delayed **(hat Verspätung).** You want to know at what time the flight is going to leave. Ask someone.
2. You want to know what gate the flight leaves from. Ask someone.

Beispiel 2

You are speaking with an airline agent at the check-in counter of Lufthansa at the airport in Munich.
1. The agent wants to know where you are going. Tell her.
2. She wants to see your ticket. Say something to her as you hand it to her.
3. She wants to know your nationality. Tell her.
4. She wants to know how much luggage you have. Tell her.
5. She wants to know where you prefer to sit on the airplane. Tell her.

EINBLICK INS LEBEN

Beispiel 1

Read the departure screen **(die Abfluganzeigetafel)** at the airport in Frankfurt.

Flug	Abflug	Einsteigen	Flugsteig	Flugziel
PA 105	13.30	12.30	5	San Francisco
TW 801	14.20	13.20	6	New York
LH 731	14.40	13.40	3	Berlin

Based on the information you have just read about departures from Frankfurt, select the correct answers.

1. Lufthansa Flug Nummer 731 fliegt um _____ ab.
   a. 13.30   b. 12.30   c. 14.40
2. Der Flug um 14.20 geht nach _____.
   a. New York   b. Paris   c. Chicago
3. LH bedeutet _____.
   a. Lufthansa   b. TWA   c. American
4. Die Passagiere der TWA Flugnummer 801 gehen um _____ an Bord.
   a. 14.20   b. 13.20   c. 13.40
5. Der Flug vom Flugsteig drei geht nach _____.
   a. Berlin   b. Paris   c. New York

Beispiel 2

Look at the following airline ticket.

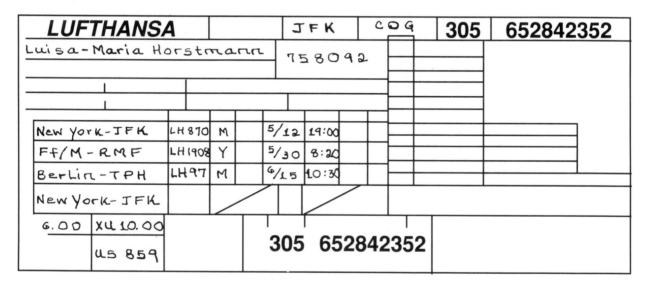

Based on the preceding airline ticket, give the information that follows.

1. der Name des Fluggasts
2. die Nummer des ersten Flugs
3. die Zielort des ersten Flugs
4. die Uhrzeit dieses Abflugs
5. der Name der Fluglinie
6. der Zielort des dritten Flugs
7. der Name der Fluglinie des letzten Flugs

Kapitel 16

Die Bahn

Wortschatz

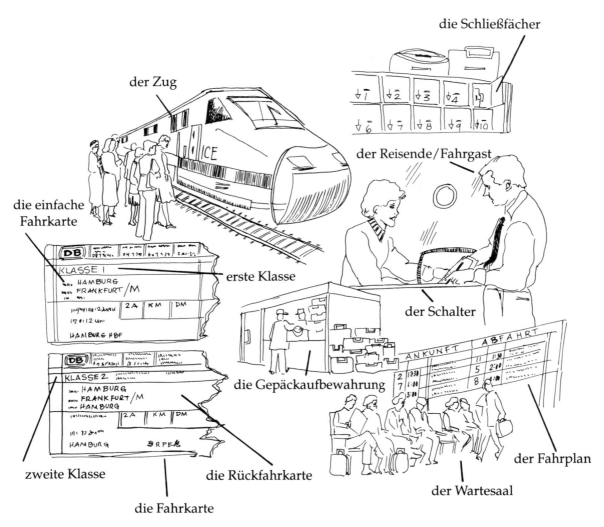

die Schließfächer

der Zug

der Reisende/Fahrgast

die einfache Fahrkarte

erste Klasse

der Schalter

die Gepäckaufbewahrung

zweite Klasse

die Rückfahrkarte

die Fahrkarte

der Wartesaal

der Fahrplan

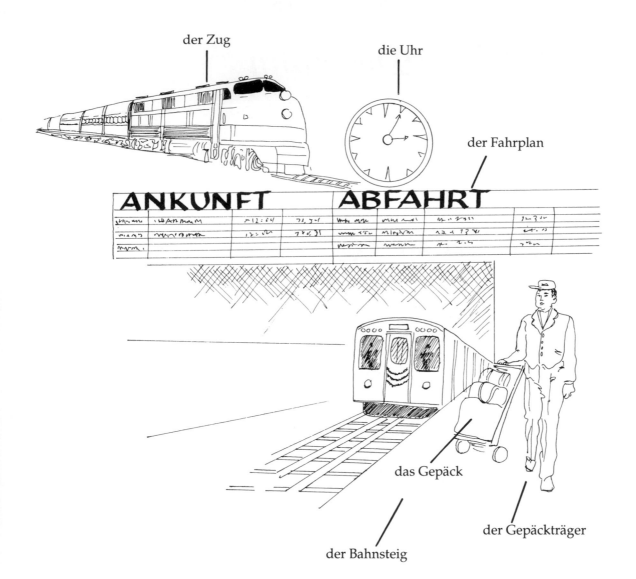

der Zug

die Uhr

der Fahrplan

ANKUNFT **ABFAHRT**

das Gepäck

der Gepäckträger

der Bahnsteig

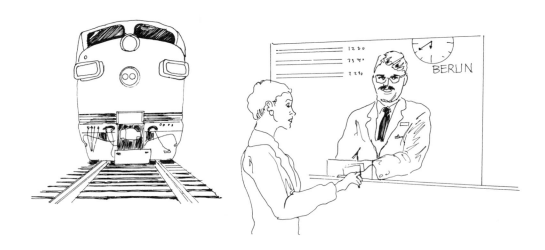

Read the following:

Die Frau ist am Schalter.
Sie redet mit dem Bahnbeamten.
Sie kauft ihre Fahrkarte.

Read the following:

Der Zug fährt ab.
Der Zug fährt um 14 Uhr ab.
Der Zug fährt vom Bahnsteig sieben ab.

Übung 1 Answer the questions based on the illustration.

1. Ist das der Schalter oder der Fahrplan?
2. Ist dieser Herr der Bahnbeamte oder der Fahrgast?
3. Ist das der Bahnsteig oder die Fahrkarte?
4. Ist das eine einfache Fahrkarte oder eine Rückfahrkarte?
5. Ist die Fahrkarte erste Klasse oder zweite Klasse?
6. Ist das der Schalter oder die Gepäckaufbewahrung?
7. Ist das der Fahrplan oder der Bahnsteig?

Gespräch

Am Fahrkartenschalter

SIE   Eine Fahrkarte nach Freiburg bitte.

BEAMTER   Wollen Sie eine einfache Karte oder eine Rückfahrkarte?

SIE   Eine Rückfahrkarte bitte. Eilzug.

BEAMTER   Vierzig Mark bitte.

SIE   Und wann fährt der nächste Zug?

BEAMTER   Um 13 Uhr fünfundvierzig, Bahnsteig sieben.

SIE   Recht schönen Dank.

Übung 2 Answer the questions based on the preceding conversation.

1. Sind Sie am Hauptbahnhof *(main railroad station)* oder am Flughafen?
2. Sind Sie am Fahrkartenschalter?
3. Reden Sie mit einem Bahnbeamten oder einem Gepäckträger?
4. Was wollen Sie?
5. Wollen Sie eine einfache Fahrkarte oder eine Rückfahrkarte?
6. Wollen Sie eine Fahrkarte für einen D-Zug oder einen Eilzug?
7. Wohin fahren Sie?
8. Wann fährt der Zug nach Freiburg?
9. Von welchem Bahnsteig fährt der Zug?

Wortschatz

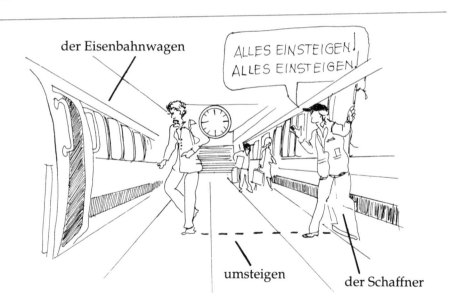

Read the following:

> Man muß umsteigen.
> Man kauft eine Umsteigekarte nach Mannheim.
> Der Gepäckträger hilft dem Fahrgast mit seinem Gepäck.
> Er trägt das Gepäck zum Zug.
> Alles einsteigen! Alles einsteigen!
> Die Fahrgäste steigen ein.

Der Schaffner kontrolliert die Fahrkarten.
Der Zug fährt nicht direkt nach Lübeck. Man
     muß in Kiel umsteigen.

Übung 3   Choose the correct responses to the following questions.

1. Wie viele Züge muß man nehmen, um nach Lübeck zu fahren?
   a. einen Zug   b. zwei Züge   c. drei Züge
2. Wer hilft den Fahrgästen mit ihrem Gepäck am Bahnhof?
   a. der Bahnbeamte   b. der Gepäckträger   c. der Schaffner
3. Wer arbeitet im Zug?
   a. der Bahnbeamte   b. der Gepäckträger   c. der Schaffner
4. Wer ruft "Alles einsteigen!"?
   a. der Bahnbeamte   b. der Gepäckträger   c. der Schaffner
5. Was machen die Fahrgäste?
   a. Sie verkaufen Fahrkarten.   b. Sie rufen "Alles einsteigen!"   c. Sie steigen ein.
6. Was macht der Schaffner?
   a. Er verkauft Fahrkarten.   b. Er kontrolliert die Fahrkarten.   c. Er trägt Koffer.
7. Muß man umsteigen?
   a. Ja, der Schaffner kontrolliert die Fahrkarten.   b. Ja, der Zug fährt direkt nach Lübeck.
   c. Ja, man steigt in Kiel um.

AUS DEM ALLTAG

Beispiel 1

You are in Munich and you are about to travel to Bayreuth to attend the Wagner Festival.
1. You know that the train for Bayreuth leaves from the main railroad station in Munich. Ask someone where the main railroad station is.
2. The main railroad station in Munich is quite large. You want to buy a ticket for Bayreuth, but you cannot find the ticket window. Ask someone where it is.
3. You are speaking with the ticket clerk. Tell him what you want.
4. He asks you whether you want a one-way or a round-trip ticket. Tell him.
5. Ask him how much it is.
6. You want to know at what time the next train for Bayreuth leaves. Ask him.
7. You want to know from which platform it leaves. Ask him.

Kapitel 17

Beim Autoverleih

Wortschatz

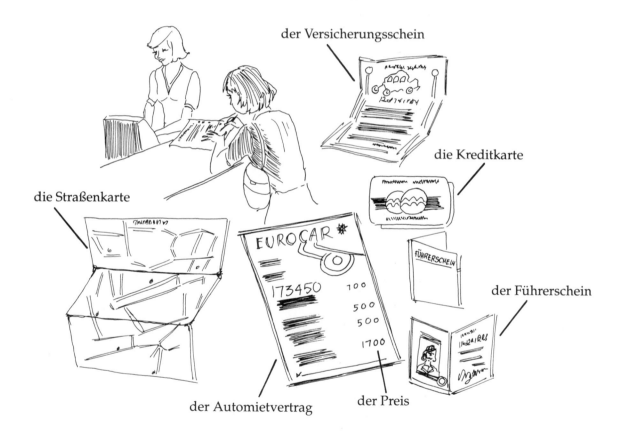

der Versicherungsschein

die Kreditkarte

die Straßenkarte

der Führerschein

EUROCAR

173450
100
500
500
1700

der Automietvertrag

der Preis

Read the following:

Man unterschreibt den Automietvertrag.
Man kann ein Auto für einen Tag (für eine Woche,
für einen Monat) *mieten*.

rent

das Auto

das Benzin

BENZIN

NORMAL N

BLEIFREI

GG÷CX94

ein zweitüriges Auto

Übung 1 Answer the questions based on the illustration.

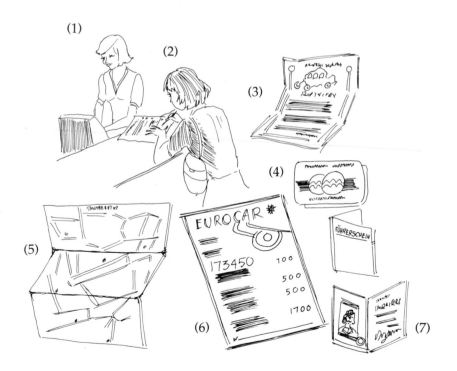

(1)

(2)

(3)

(4)

(5)

EUROCAR

173450   100
          500
          500
          1700

FÜHRERSCHEIN

(6)

(7)

1. Ist das ein Autoverleih oder eine Autoverkaufsstelle?
2. Unterschreibt die Kundin den Automietvertrag oder den Autoversicherungsschein?
3. Ist das ein Automietvertrag oder ein Kreditkarte?
4. Ist das eine Tankstelle oder ein Versicherungsschein?
5. Ist das eine Kreditkarte oder eine Straßenkarte?
6. Ist das der Preis oder die Straßenkarte?
7. Ist das ein Automietvertrag oder ein Führerschein?

Gespräch

Bei dem Autoverleih

ANGESTELLTER	Guten Morgen.
KUNDIN	Ich möchte ein Auto mieten.
ANGESTELLTER	Wollen Sie einen Kompaktwagen?
KUNDIN	Ja, einen Kompaktwagen bitte.
ANGESTELLTER	Wie lange wollen Sie das Auto haben?
KUNDIN	Für eine Woche. Wieviel kostet das?
ANGESTELLTER	Wir haben einen Sonderpreis. Zweihundert Mark pro Woche mit unbeschränkter Kilometerzahl.
KUNDIN	Und Benzin?
ANGESTELLTER	Sie bezahlen für das Benzin, aber die Versicherung ist im Preis inbegriffen.
KUNDIN	In Ordnung.
ANGESTELLTER	Ihren Führerschein und eine Kreditkarte bitte. *(Ein paar Minuten später)* Hier sind Ihre Kreditkarte und Führerschein. Bringen Sie das Auto hierher zurück?
KUNDIN	Nein. Ich gebe es am Flughafen zurück.

Übung 2 Complete the statements based on the preceding conversation.

1. Die Kundin will ein Auto _____. Sie will kein Auto kaufen.
2. Sie will einen _____.
3. Sie will das Auto für _____ mieten.
4. Sie bezahlt _____ pro Woche.
5. Der Preis ist mit unbeschränkter _____.
6. Versicherung ist _____ aber die Kundin muß für das Benzin bezahlen.
7. Der Angestellte will ihren _____ und Kreditkarte sehen.
8. Die Kundin unterschreibt den _____.
9. Die Kundin bezahlt mit einer _____.
10. Die Kundin gibt das Auto am _____ zurück.

Übung 3 Pretend you are the customer in the preceding conversation and complete the answers to the following questions.

1. Wo sind Sie?
   Ich bin beim _____.
2. Mit wem reden Sie?
   Ich rede mit dem _____ –n.
3. Was wollen Sie mieten?
   Ich will ein _____ mieten.
4. Für wie lange wollen Sie es mieten?
   Für _____.
5. Was unterschreiben Sie?
   Ich unterschreibe den _____.

Übung 4 Answer.

1. Was ist der Preis pro Woche?
2. Was ist unbeschränkt?
3. Was ist im Preis inbegriffen?
4. Wie bezahlt die Kundin?

Übung 5 Complete.

Um ein Auto zu mieten, muß man einen _____ une eine _____ haben.

AUS DEM ALLTAG

Beispiel 1

You have just arrived on a flight to Düsseldorf. You want to rent a car, so you proceed immediately to the counter of a car rental agency.

1. Tell the agent what you want.
2. She asks what type of car you want. Tell her.
3. She wants to know for how long you want the car. Tell her.
4. You want to know the price for the rental. Ask her.
5. Find out if you have unlimited mileage. Ask her and remember to use the word for kilometer.
6. You want to know if insurance is included. Ask her.
7. You want to know if gas is included. Ask her.
8. The agent wants to know if you have a driver's license. Tell her.
9. She wants to know if you have a credit card. Tell her.
10. She asks you where you will return the car. Respond.

Kapitel 18

An der Tankstelle

Wortschatz

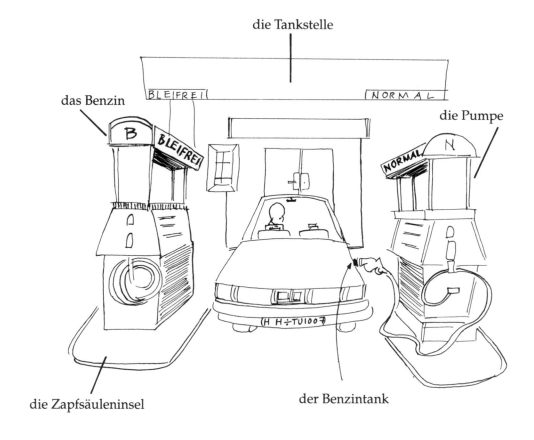

die Tankstelle

das Benzin

die Pumpe

die Zapfsäuleninsel

der Benzintank

NOTE   Gas for your car is frequently referred to as **(der) Sprit** in colloquial speech.

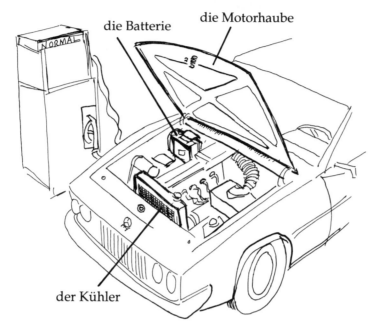

die Batterie

die Motorhaube

der Kühler

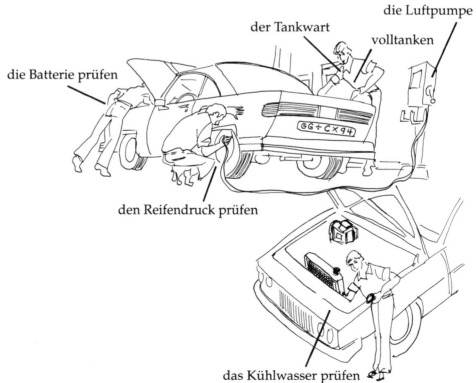

die Luftpumpe

der Tankwart

volltanken

die Batterie prüfen

den Reifendruck prüfen

das Kühlwasser prüfen

Übung 1 Answer the questions based on the illustration.

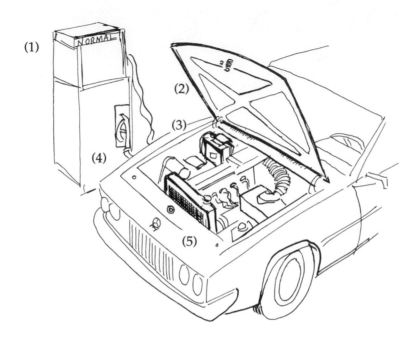

1. Ist das die Pumpe oder der Tankwart?
2. Ist das die Haube oder der Kofferraum *(trunk)?*
3. Ist das der Kühler oder die Batterie?
4. Ist das die Zapfsäuleninsel oder der Kühler?
5. Ist das der Kühler oder die Haube?

Übung 2 True or false?

1. Man füllt die Batterie mit Öl.
2. Man füllt den Kühler mit Wasser.
3. Man füllt den Tank mit Wasser.
4. Man füllt die Reifen mit Luft.
5. Der Tankwart arbeitet auf einer Tankstelle.
6. Die Benzinpumpen sind auf der Tanksäuleninsel.
7. Ein Auto hat immer einen Benzintank.
8. Neue Autos nehmen bleifreies Benzin.

Gespräch

An der Tankstelle

KUNDE	Volltanken, bitte.	
TANKWART	Super oder normal?	
KUNDE	Normal—bleifrei.	
TANKWART	Haben Sie den *Schlüssel* für den Tank?	*key*
KUNDE	Bitte. Können Sie bitte das Öl und Wasser prüfen?	
TANKWART	*Drücken* Sie den Haubenknopf, bitte.	*Press*
KUNDE	Ich weiß nicht, wo der Knopf ist. Dies ist ein *Leihwagen*.	*rental car*

Übung 3   Answer the questions based on the preceding conversation.

1. Wo ist der Kunde?
2. Mit wem redet er?
3. Will er volltanken?
4. Was für Benzin will er?
5. Braucht man einen Schlüssel zum Öffnen des Tankes?
6. Prüft der Tankwart das Öl und Wasser?
7. Was muß man aufmachen, um das Öl und Wasser zu prüfen?
8. Was für ein Auto hat der Kunde?

Übung 4   Tell which person carried out the activity described.

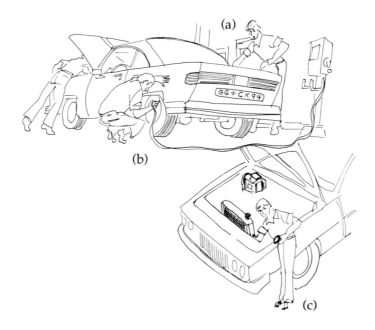

1. _____ Der Tankwart füllt den Tank.
2. _____ Der Tankwart öffnet die Haube.
3. _____ Der Tankwart prüft das Öl und Wasser.
4. _____ Der Tankwart füllt den Kühler mit Wasser.
5. _____ Der Tankwart füllt die Reifen mit Luft.
6. _____ Der Tankwart füllt den Motor mit Öl.

AUS DEM ALLTAG

Beispiel 1

You are driving through Germany in a rental car. You have to stop at a service station.
1. You want to fill up with gas. Tell the attendant.
2. He wants to know what kind of gas you want. Tell him.
3. You think it would be a good idea to check the oil and water. Tell the attendant.
4. You want to put some air into the tires. Ask the attendant where the air pump is.

Kapitel 19

Im Hotel

Wortschatz

die Pension

das Hotel

der Lift (der Aufzug, der Fahrstuhl)

die Rechnung

der Schlüssel

die Empfangsdame

das Zimmer

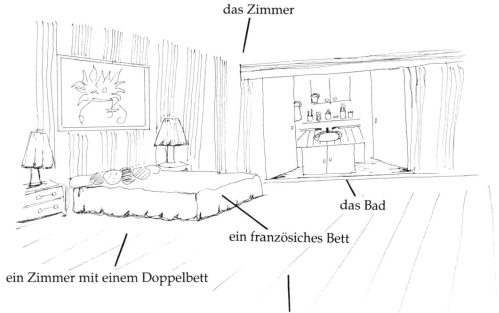

das Bad

ein französiches Bett

ein Zimmer mit einem Doppelbett

ein Zimmer mit einem Bett—ein Zimmer für eine Person (zwei Personen)

das Klappbett

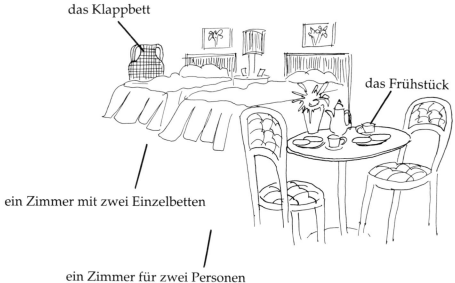

das Frühstück

ein Zimmer mit zwei Einzelbetten

ein Zimmer für zwei Personen

Übung 1 Answer the questions based on the illustration.

1. Ist das ein Hotelzimmer oder die Rezeption?
2. Ist das ein Einzelzimmer oder ein Doppelzimmer?
3. Hat das Zimmer ein großes Bett oder zwei Einzelbetten?
4. Ist das ein Zimmer für eine Person oder für zwei Personen?
5. Ist ein Klappbett im Zimmer?
6. Ist das Frühstück für eine Person oder für zwei?

Übung 2 Complete the following statements.

1. Wir sind zwei Personen. Haben Sie ein _____?
2. Wir sind drei Personen. Können Sie _____ ins Zimmer stellen?
3. Ich möchte ein Zimmer mit _____.
4. Die Empfangsdame gibt mir den _____.

Gespräch

An der Hotelrezeption

SIE	Ein Zimmer für zwei Personen bitte.
EMPFANGSDAME	Haben Sie eine Reservierung?
SIE	Nein.
EMPFANGSDAME	Ich habe im zweiten *Stockwerk* ein Zimmer frei.
SIE	Hat das Zimmer ein Bett oder zwei?
EMPFANGSDAME	Es hat zwei Einzelbetten.
SIE	Sehr gut. Wieviel kostet das Zimmer?
EMPFANGSDAME	Einhundertzwanzig Mark pro Nacht alles *inbegriffen*.
SIE	Alles inbegriffen?
EMPFANGSDAME	Ja, *Bedienung* und *Steuer* sind inbegriffen.
SIE	In Ordnung. Und Frühstück?
EMPFANGSDAME	Nein. Frühstück ist nicht inbegriffen. Bitte, können Sie dieses Formular *ausfüllen*?
SIE	Bitte.
	(Sie geben der Empfangsdame das Formular.)
EMPFANGSDAME	Danke schön. Hier ist der Schlüssel. Sie haben Zimmer 28 im zweiten Stockwerk. Sie können hoch fahren. Der Aufzug ist gegenüber. Jemand bringt Ihnen das Gepäck ins Zimmer.

Margin glosses: *floor* · *included* · *service / tax* · *fill out*

Übung 3 Answer the questions based on the preceding conversation.

1. Wo sind Sie?
2. Wo im Hotel sind Sie?
3. Mit wem reden Sie?
4. Was wollen Sie?
5. Haben Sie eine Reservierung?
6. Gibt es noch freie Zimmer?
7. In welchem Stockwerk bekommen Sie ein Zimmer?
8. Wieviel kostet das Zimmer?
9. Ist alles inbegriffen?
10. Ist Frühstück inbegriffen?
11. Was müssen Sie ausfüllen?
12. Geben Sie der Empfangsdame das Formular?
13. Was gibt Ihnen die Empfangsdame?
14. Wohin fahren Sie?
15. Bringen Sie Ihre Koffer nach oben *(up)* ins Zimmer?
16. Fahren Sie mit dem Aufzug?

Wortschatz

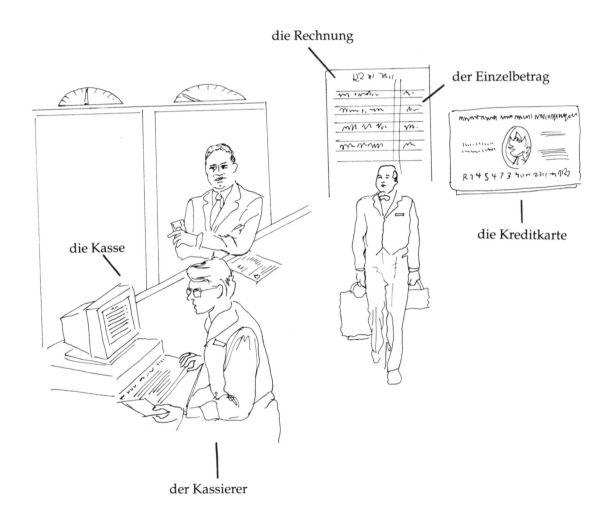

die Rechnung

der Einzelbetrag

die Kreditkarte

die Kasse

der Kassierer

Übung 4 Answer the questions based on the illustration.

1. Ist das die Kasse oder die Rezeption?
2. Ist das die Empfangsdame oder der Kassierer?
3. Ist das die Rechnung oder der Schlüssel?
4. Wer stellt die Rechnung aus?
5. Bezahlt der Herr mit der Rechnung oder mit seiner Kreditkarte?
6. Bezahlt man an der Kasse oder an der Rezeption?

Gespräch

An der Kasse

SIE	Die Rechnung bitte.
KASSIERER	Welche Zimmer Nummer bitte.
SIE	Achtundzwanzig.
KASSIERER	Haben Sie heute irgendwelche *Telefonate* gemacht?
SIE	Nein.
KASSIERER	Gut. Hier ist die Rechnung. Hundertzwanzig Mark pro Tag für drei Tage macht dreihundertsechzig DM.
SIE	Nehmen Sie *(name of your credit card)*?
KASSIERER	Ja, wir nehmen *(name of your credit card)*.

telephone calls

Übung 5   Answer the questions based on the preceding conversation.

1. Reden Sie mit dem Kassierer?
2. Hat er die Rechnung?
3. Wie viele Tage haben Sie im Hotel verbracht *(did you spend)*?
4. Wie hoch *(high)* ist die Rechnung?
5. Nimmt das Hotel Ihre Kreditkarte?

AUS DEM ALLTAG

Beispiel 1

You have just arrived at a lovely small hotel in Bad Homburg. You are at the reception desk to check in.

1. Ask the receptionist if he has a double room.
2. He wants to know whether you want one large bed or twin beds. Tell him.
3. You want to know if the room has a private bath. Ask him.
4. You want to know the rate (price). Ask him.
5. He gives you the price. You want to know if service and taxes are included. Ask him.
6. The receptionist asks how long you plan to stay at the hotel. Answer him.

Beispiel 2

Your stay at the hotel is over and you are paying your bill at the cashier counter.

1. You want your bill. Ask for it.
2. The cashier asks for your room number. Tell her.
3. She wants to know if you made any phone calls or had any other charges this morning. Tell her.
4. Ask her if the hotel accepts the credit card you have.

EINBLICK INS LEBEN

Beispiel 1

Look at the following hotel bill.

FALKENTURMSTRASSE 10
8000 MÜNCHEN 2
TEL. (0 89) 2 90 02 70 • TELEX 5-22-588
FAX (0 89) 29 00 27 29

RECHNUNG

Besitzer: Karl Mändl

23.01.92	11A	1 PERS 75		ZIMMER	92
		HERR/FR/FRL. FEUERLE			
#2		ARRANGEMENT		140.00	
		RECHNUNGS - #:	989	SEITE	1
23.02.92	11A		8952	82	
		SALDO			0.00
24.02.92	11A		9023	82	
		MINIBAR	1	10.50	
		SALDO			150.50
24.02.92	11A		9078	82	
		2 X TAGES ARR.	280.00		
		SUBTOTAL			290.50
		FROHSTOCK	1	36.00	
		SALDO			326.50
24.02.92	11A		9080	82	
		SUBTOTAL			326.50
		MINIBAR	1	3.50	
		TELEFON	1	200.50	
		SUBTOTAL			530.50
		AMERICANEXPR		530.50 -	
		SALDO			0.00
%		NETTO		MWST	BRUTTO
1.14.00%		465.35		65.15	530.50
		OBERTRAG			0.00
		GESAMT RECHNUNGSBETRAG			530.50
		VIELEN DANK			

100 Betten • Alle Zimmer mit Bad • Kühlschrank • Radio • Fernsehanschluß • Selbstwanitereron
Bayer. Vereinsbank München (BLZ 70020270) Konto 370392 • Postgiro München 62613-809

Give the information based on the preceding hotel bill.

1. Name des Hotels
2. Name des Hotelgasts
3. Ankunftsdatum
4. Abreisedatum
5. Zimmerpreis

Kapitel 20

Einkaufen

Wortschatz

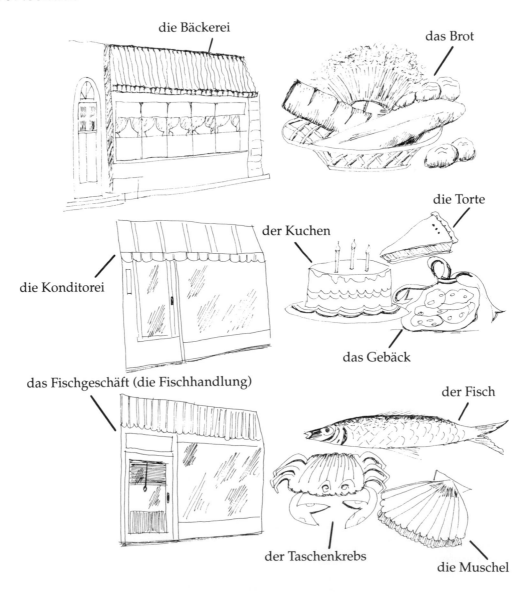

die Bäckerei

das Brot

der Kuchen

die Torte

die Konditorei

das Gebäck

das Fischgeschäft (die Fischhandlung)

der Fisch

der Taschenkrebs

die Muschel

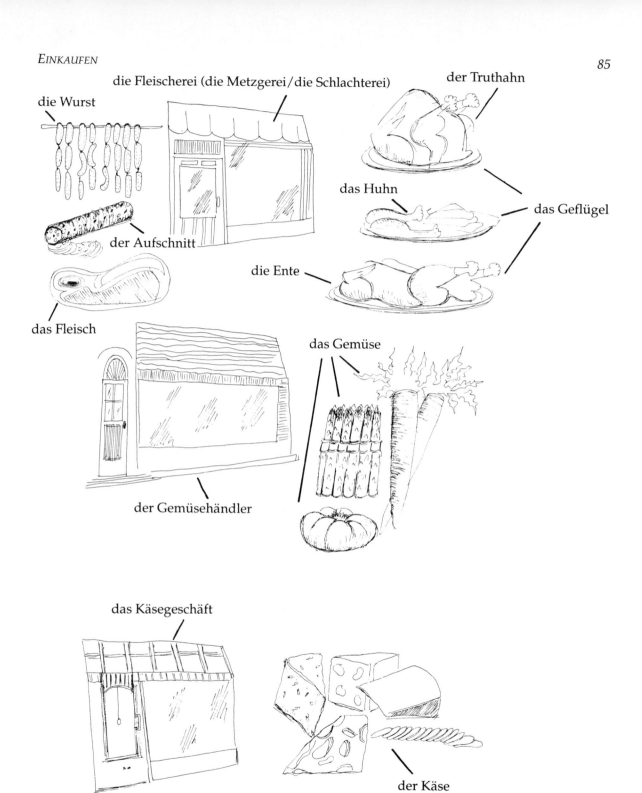

die Fleischerei (die Metzgerei/die Schlachterei)

die Wurst

der Truthahn

das Huhn

das Geflügel

der Aufschnitt

die Ente

das Fleisch

das Gemüse

der Gemüsehändler

das Käsegeschäft

der Käse

das Milchgeschäft

die Sahne

die Milch

NOTE   Today large supermarkets are replacing specialty stores and the small mom-and-pop stores **(Tante-Emma-Laden)** that were so common in the past. Now many large department stores have a food section **(die Lebensmittelabteilung)** offering a complete selection of food items, including gourmet specialties.

die Reihe mit Konserven

die Kasse

der Supermarkt

der Einkaufswagen

die Marktbude

der Wochenmarkt

der Tante-Emma-Laden

Kloedenstraße

der Eckladen

der Preis

Wieviel kostet der (die, das) _____?
Wieviel macht das zusammen?

das Kilo	das Gramm	das Pfund
das Kilogramm		ein Halbes Kilo
		funfhundert Gramm

NOTE   A complete list of food items appears on pages 93-97. It is a reference list; do not try to memorize it. This list also appears in the second and third books of this series.

Übung 1 Answer the questions based on the illustrations.

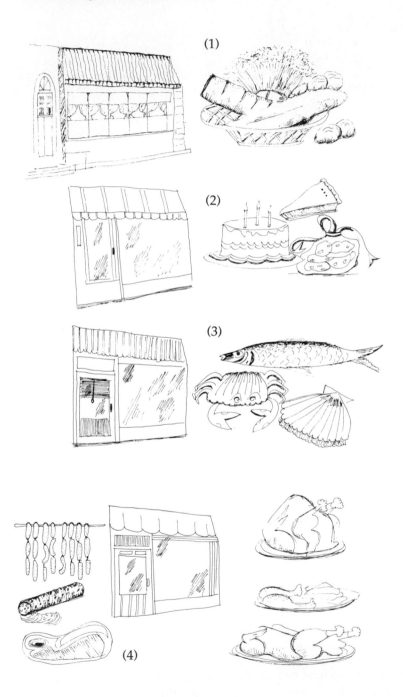

(1)

(2)

(3)

(4)

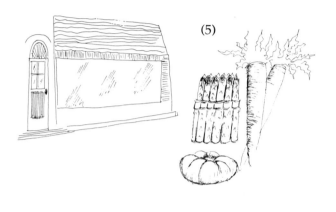

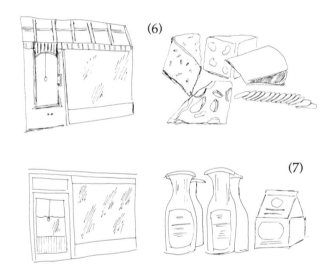

1. Ist das Brot oder Fisch?
2. Ist das Gemüse oder Kuchen?
3. Ist das Fleisch oder Fisch?
4. Ist das Geflügel oder Fleisch?
5. Ist das Sahne oder Gemüse?
6. Ist das Milch oder Käse?
7. Ist das Sahne oder Milch?

Übung 2 Answer the questions based on the illustration.

1. Ist das ein Tante-Emma-Laden oder ein Supermarkt?
2. Ist die Frau auf dem Wochemarkt oder im Supermarkt?
3. Hat die Frau einen Einkaufswagen oder einen Zug?
4. Ist die Frau in der Reihe mit Konserven oder in der Reihe mit Gemüse (Frischwaren)?
5. Bezahlt man an der Kasse oder in der Reihe mit Konserven?

Übung 3 Complete the following by giving the appropriate place.

1. Man kauft Brot in der _____.
2. Man kauft Fisch im _____.
3. Man kauft Obst beim _____.
4. Man kauft Fleisch in der _____.
5. Man kauft Wurst in der _____.
6. Man kauft Aufschnitt in der _____.
7. Man kauft Gemüse beim _____.

8. Man kauft Käse im _____.
9. Man kauft Torten in der _____.
10. Man kauft alles im _____.

Übung 4   Tell what you have to buy.

1. Ich gehe in die Konditorei.
2. Ich gehe in die Milchgeschäft.
3. Ich gehe in die Schlachterei.
4. Ich gehe in die Bäckerei.
5. Ich gehe in den Supermarkt.
6. Ich gehe in den Tante-Emma-Laden.
7. Ich gehe zum Gemüsehändler.
8. Ich gehe zum Obsthändler.
9. Ich gehe zum Weinhändler.

Übung 5   Answer the following questions.

1. Was ist ein Tante-Emma-Laden? Ist er ein Supermarkt oder ein Eckladen?
2. Gibt es viele Reihen in einem Supermarkt?
3. Haben die Kunden im Supermarkt Einkaufswagen?

Gespräch

Im Tante-Emma-Laden

LADENBESITZER	Was darf es sein?
SIE	Ich möchte *(tell what you want)*, bitte.
LADENBESITZER	*(Repeats what you want)* Und *sonst noch etwas?* *anything else*
SIE	*(Tell what else you want.)*
LADENBESITZER	Und haben Sie sonst einen Wunsch?
SIE	Danke, das ist alles. Wieviel macht das zusammen?
LADENBESITZER	Also, _____ und _____, das macht zwölf Mark achtzig zusammen.

Übung 6   You are in a Schlachterei. You want 200 grams **(zweihundert Gramm)** of ham **(Schinken).** Respond to the following questions or statements.

1. Was darf es sein?
2. Wieviel wollen Sie?
3. Wollen Sie sonst noch etwas?

AUS DEM ALLTAG

Beispiel 1

You are in a pastry shop in Vienna. You are admiring some small glazed strawberry tarts **(Erdbeertörtchen).**

1. Point to the tarts and tell the clerk you want some.
2. She asks you how many you want. Tell her.
3. She asks you if you want something else. Tell her no.
4. Ask her how much the tarts are.
5. Ask her if you pay at the cashier.

Beispiel 2

You are in a **Metzgerei** in Sankt Gallen. You want to buy approximately 350 grams **(ungefähr dreihundertfünfzig Gramm)** of ham.

1. The clerk asks you what you want. Tell him.
2. He asks you if you want something else. Tell him no, that's all you want.
3. Ask him how much it is.

EINBLICK INS LEBEN

Beispiel 1

Here are some expressions about health foods, a topic of great interest to many people these days.

> **weniger Kalorien**
> **kalorienarm**
> **fettarm**
> **ballaststoffreich**
> **ohne konservierungsstoffe(-mittel)**
> **angereichert mit Vitaminen**

How do you say the following in German?

1. vitamins
2. fiber
3. preservatives
4. calories

Express the following in German.

1. high in vitamins
2. low in fat

Foods (Lebensmittel)

Vegetables (Gemüse)

artichoke   die Artischocke
beans, green (string beans)   die Brechbohnen,
    Schnittbohnen, grüne Bohnen
beet   die rote Beete, rote Rübe
broccoli   der Brokkoli
brussel sprouts   der Rosenkohl
cabbage   der Kohl, das Kraut
    red cabbage   der Rotkohl, das Rotkraut
    savoy cabbage   der Wirsingkohl
carrot   die Karotte, die Möhre, die gelbe Rübe,
    die Mohrrübe
cauliflower   der Blumenkohl
celery   der Sellerie
chestnut   die Eßkastanie
chick peas   die Kichererbsen
chicory   die Zichorie
corn   der Mais
cucumber   die Gurke
eggplant   die Aubergine, die Eierfrucht
endive   die Endivien
garlic   der Knoblauch
horseradish   der Meerrettich, der Kren *(Austrian)*
leeks   der Lauch, der Porree
lentils   die Linsen
lettuce   der Salat, der Kopfsalat, der Blattsalat
lima beans   die dicken Bohnen, die weißen
    Bohnen
onion   die Zwiebel
palm hearts   die Palmenherzen
peas   die Erbsen
pepper   der Pfeffer
    green pepper   die (grüne, rote) Paprikaschote
potato   die Kartoffel
    die Bratkartoffel   *fried potatoes*
    der Kartoffelbrei   *mashed potatoes*
    der Kartoffelkloß   *potato dumpling*
    das Kartoffelmus   *mashed potatoes*
    der Kartoffelpuffer   *potato pancake*
    der Kartoffelsalat   *potato salad*
    die Salzkartoffel   *boiled potatoes*
    die Süßkartoffel   *sweet potato*
pumpkin   der Kürbis

radish   der Rettich, das Radieschen
rice   der Reis
sauerkraut   das Sauerkraut
shallot   die Schalotte
spinach   der Spinat
squash   der Kürbis
tomato   die Tomate
turnip   die Steckrübe, die Kohlrübe
watercress   die Kresse
zucchini   die Zucchini

Fruits (Gemüse)

almond   die Mandel
apple   der Apfel
apricot   die Aprikose, die Marille *(Austrian)*
avocado   die Avocado
banana   die Banane
blackberry   die Brombeere
blueberry   die Heidelbeere, die Blaubeere
cherry   die Kirsche
chestnut   die Kastanie
coconut   die Kokosnuß
currant   die Johannisbeere
date   die Dattel
elderberry   die Holunderbeere
fig   die Feige
filbert   die Haselnuß
gooseberry   die Stachelbeere
grape   die Traube, die Weintraube
grapefruit   die Pampelmuse, die Grapefruit
guava   die Guajava
hazelnut   die Haselnuß
lemon   die Zitrone
lime   die Limone
melon   die Melone
olive   die Olive
orange   die Orange, die Apfelsine
papaya   die Papaya
peach   der Pfirsich
pear   die Birne
pineapple   die Ananas
plum   die Pflaume, die Zwetschke *(Austrian)*
pomegranate   der Granatapfel

prune   die Backpflaume
raisin   die Rosine
raspberry   die Himbeere
rhubarb   der Rhabarber
strawberry   die Erdbeere
   wild strawberry   die Walderdbeere
walnut   die Walnuß
watermelon   die Wassermelone

Meat (Fleisch)

bacon   der Speck
beef   das Rindfleisch
brains   das Hirn
chop   das Kotelett
   das Lammkotelett   *lamb chop*
   das Schweinekotelett   *pork chop*
chopped meat   das Hackfleisch
cold cuts   der Aufschnitt
corned beef   das Corned Beef, das gepökelte
   Rindfleisch
filet mignon   das Filetsteak
goat   das Ziegenfleisch
ham   der Schinken
headcheese   die Sülze
heart   das Herz
kidneys   die Nieren
lamb   das Lammfleisch
   lamb chop   das Lammkotelett
   lamb shoulder   die Lammschulter
   leg of lamb   die Lammkeule
   rack of lamb   die Lammrippe
liver   die Leber
liver dumpling   der Leberknödel
meatballs   die Buletten, die Fleischklößchen,
   die Frikadelle
meatloaf   der Hackbraten
mutton   das Hammelfleisch
oxtail   der Ochsenschwanz
pickled pig's knuckle   das Eisbein
pork   das Schweinefleisch
   pork chop   das Schweinekotelett
rib steak   das Rippensteak
roast   der Braten
   der Kalbsbraten   *roast veal*

der Rinderbraten   *beef roast*
der Schweinebraten   *pork roast*
roulade   die Roulade
salami   die Salami
sauerbraten   der Sauerbraten
sausage   die Wurst
   die Bologneser Wurst   *bologna sausage*
   die Bratwurst   *a spiced sausage for frying*
   die Currywurst   *a very spicy pork sausage*
   die Fleischwurst   *a sausage of finely ground*
     meat for grilling or frying
   die Knackwurst   *a sausage with a thin, firm*
     casing that pops when you bite into it
   die Leberwurst   *liverwurst*
   die Mettwurst   *a firm, spicy sausage for*
     slicing or spreading
   die Streichwurst   *a soft, very finely ground*
     sausage for spreading on bread, etc.
   die Teewurst   *a finely ground* Mettwurst *for*
     spreading
   die Weißwurst   *a mild veal sausage*
   das Wiener Würstchen, das Frankfurter
     Würstchen   *a lightly smoked sausage for*
     boiling
spareribs   das Rippchen
steak tartare   das Beefsteak tatar
suckling pig   das Spannferkel
sweetbreads   das Kalbsbries
tongue   die Zunge
veal   das Kalbsfleisch
   fillet of veal   das Kalbsmedaillon
   veal cutlet   das Kalbskotelett
   veal cutlet (unbreaded)   das Naturschnitzel
   veal scallopini   das Kalbsschnitzel
wienerschnitzel   das Wienerschnitzel

Fowl and Game   (Geflügel und Wild)

boar, wild   das Wildschwein
capon   der Kapaun
chicken   das Huhn, das Hähnchen, das Hendl
   (*Austrian*)
duck   die Ente
goose   die Gans
hare   der Hase

partridge   das Rebhuhn
pheasant   der Fasan
pigeon   die Taube
quail   die Wachtel
rabbit   das Kaninchen
turkey   der Truthahn
venison   das Wildbret

Fish and Shellfish   (Fish und Meeresfrüchte)

anchovy   die Sardelle
bass   der Barsch
    sea bass   der Seebarsch
carp   der Karpfen
clam   die Muschel
cod   der Kabeljau, der Dorsch
crab   der Krebs, der Taschenkrebs
crayfish   der Flußkrebs
eel   der Aal
flounder   die Flunder
frogs legs   die Froschbeine
haddock   der Schellfisch
halibut   der Heilbutt
herring   der Hering
lobster   der Hummer
mackerel   die Makrele
mullet   die Meeräsche
mussel   die Miesmuschel
octopus   die Tintenfisch
oyster   die Auster
pickerel   der (junge) Hecht
pike   der Hecht
plaice   der Scholle
pollack   der Seelachs
prawns   die Steingarnele
salmon   der Lachs
sardine   die Sardinen
scallops   die Kammuschel
shrimp   die Garnele, die Krabben
smelt   der Stint
smoked herring   der Bückling
snail   die Schnecke
sole   die Seezunge
squid   der Kalmar
swordfish   der Schwertfisch

tench   die Schleie
trout   die Forelle
tuna   der Thunfisch
turbot   der Steinbutt
whiting   der Merlan

Eggs   (Eierspeisen)

fried eggs   die Spiegeleier
hard-boiled eggs   die hartgekochten Eier
omelette   das Omelette
    cheese omelette   das Käseomelette
    mushroom omelette   das Pilzomelette,
        das Champignonomelette
poached eggs   pochierte Eier
scrambled eggs   das Rührei
    scrambled eggs with fried potatoes, onions, and
        pickle   Bauernfrühstück
soft-boiled eggs   die weichgekochten Eier

Sweets and Desserts   (Nachtische und Süssigkeiten)

apple turnover   die Apfeltasche
cake   der Kuchen
candy   die Süßigkeiten
caramel custard   der Karamelpudding
compote   das Kompott
cookie   der Keks, das Plätzchen
cream puff   der Windbeutel
custard   der Pudding
custard tart   die Puddingtorte
gelatin dessert   die Götterspeise
gingerbread   der Lebkuchen
honey   der Honig
ice cream   das Eis
    vanilla ice cream   das Vanilleeis
jam   die Marmelade
jelly   das Gelee
jelly doughnut   der Berliner
marzipan   das Marzipan
meringue   der spanische Wind, das Schaumgebäck
pancake   der Pfannkuchen
pie   die Obsttorte
rice pudding   der Milchreis, der Reispudding

sponge cake   der Biskuitkuchen
tart   die Törtchen
turnover   die Tasche
waffle   die Waffel

Beverages   (Getränke)
aperitif   der Aperitif
beer   das Bier
    Altbier   *a bitter beer with a strong flavor of
       hops*
    Bockbier   *a heavy dark, rich beer traditionally
       sold during the spring*
    Export   *a light, not very bitter type of beer that
       was originally brewed for export*
    Kölsch   *a top-brewed wheat beer brewed in the
       Cologne area*
    Malzbier   *a dark, sweet beer with a very low
       alcohol content*
    Märzenbier   *a strong beer originally brewed in
       March*
    Pils, Pilsener   *a light Bohemian-style beer with
       a hops flavor*
    Weißbier, Weizenbier   *a top-brewed, highly
       carbonated beer brewed from wheat*
       Berliner Weiße mit Schuß   Weißbier *with
         a small amount of raspberry syrup*
    dark beer   das dunkle Bier, ein Dunkles
    draft beer   das Bier vom Zapfen, das Bier
       vom Faß
    light beer   das helle Bier, ein Helles
champagne   der Champagner, der Sekt
cider   der Apfelmost
cocoa   der Kakao
    hot chocolate   der heiße Kakao, die heiße
       Schokolade
coffee   der Kaffee
    black coffee   der schwarze Kaffee
    coffee with milk   der Kaffee mit Milch
    espresso   der Espresso
    iced coffee   der Eiskaffee
Coke   die Cola
cordial   der Likör
ice   das Eis
ice cubes   die Eiswürfel

juice   der Saft
    apple juice   der Apfelsaft
    fruit juice   der Fruchtsaft
    orange juice   der Orangensaft
liqueur   der Likör
milk   die Milch
milkshake   das Milchmischgetränk
mineral water   das Mineralwasser
    carbonated mineral water   Mineralwasser mit
       Kohlensäure
    noncarbonated mineral water   Mineralwasser
       ohne Kohlensäure
sherry   der Sherry
soda   das Sodawasser
soft drink   die Limonade, alkoholfreies
    Erfrischungsgetränk
tea   der Tee
    camomile tea   der Kamillentee
    iced tea   der Eistee
    peppermint tea   der Pfefferminztee
    rosehip tea   der Hagebuttentee
water   das Wasser
    iced water   das Eiswasser
wine   der Wein
    Moselle wine   der Moselwein
    red wine   der Rotwein
    Rhine wine   der Rheinwein
    white wine   der Weißwein
    NOTE The quality of German wines can be
    indicated by the time at which the grapes
    were harvested. Below are some terms
    indicating increasingly later harvest times
    (in ascending levels of ripeness and sweetness).
       Spätlese
       Auslese
       Beerenauslese
       Goldbeerenauslese
       Trockenbeerenauslese
       Eiswein

**Condiments, Herbs, and Spices   (die Würzen,
    Kräuter und Gewürze)**
anise   der Anis
basil   das Basilikum

bay leaf   das Lorbeerblatt
capers   die Kapern
caraway   der Kümmel
chervil   der Kerbel
chives   das Schnittlauch
cinnamon   der Zimt
coriander   der Koriander
dill   der Dill
fennel   der Fenchel
garlic   das Knoblauch
ginger   der Ingwer
ketchup   der Ketchup
marjoram   der Majoran
mayonnaise   die Mayonaise
mint   die Minze
mustard   der Senf
nutmeg   die Muskatnuß
oregano   der Oregano
paprika   der Paprika
parsley   die Petersilie
pepper   der Pfeffer
rosemary   der Rosmarin
saffron   der Safran
sage   der Salbei
salt   das Salz
sesame   der Sesam
sorrel   der Sauerampfer
syrup   der Sirup
tarragon   der Estragon
thyme   der Thymian
vanilla   die Vanille

Miscellaneous food items   (Sonstige Eßwaren)
baking powder   das Backpulver
bread   das Brot
    Graubrot, Mischbrot   *mixed wheat and rye bread*
    Roggenbrot   *rye bread*
    Schwarzbrot   *black bread*
    Vollkornbrot   *whole grain bread*
    Weißbrot   *white bread*
butter   die Butter
cheese   der Käse
    melted cheese   der Schmelzkäse
cornflakes   die Cornflakes
cornstarch   die Speisestärke
cream   die Sahne
    whipped cream   die Schlagsahne
dumplings   der Knödel, der Kloß, die Spätzle
egg white   das Eiweiß
egg yolk   das Eigelb
flour   das Mehl
French fries   die Pomme frites
goulash   das Gulasch
gravy   die Bratensaft, die Soße, die Fleischsoße
lard   das Schmalz
macaroni   die Makkaroni
noodles   die Nudeln
nut   die Nuß
oatmeal   die Haferflocken
oil   das Öl
olive oil   das Olivenöl
pancake   der Pfannkuchen
peanut   die Erdnuß
    peanut butter   die Erdnußbutter
pickle   die saure Gurke
roll   das Brotchen, die Semmel
sandwich   das belegte Brot, das Sandwich
snack   der Imbiß
spaghetti   die Spaghetti
sugar   der Zuker
toast   das Toastbrot
vinegar   der Essig
yeast   die Hefe
yogurt   der Joghurt, das Joghurt

Kapitel 21

Im Restaurant

Wortschatz

der Kellner (Herr Ober)

die Weinkarte

der Tisch (für vier Personen)

das Tagesmenü/das Tagesgedeck

die Kreditkarte

die Speisekarte

die Rechnung

das Trinkgeld

Read the following:

Das Tagesmenü (Tagesgedeck) ist eine vollstandige Mahlzeit (eine Vorspeise, ein warmes Hauptgericht und eine Nachspeise), die täglich wechselt und zu einem festen Preis angeboten wird.

Übung 1   Answer the questions based on the illustration.

1. Ist dieser Tisch für vier oder für sechs Personen?
2. Ist das der Kellner oder der Kunde?
3. Ist das eine Weinkarte oder eine Kreditkarte?
4. Was ist das? Die Speisekarte oder der Tisch?
5. Ist das die Rechnung oder das Trinkgeld?
6. Wer bezahlt die Rechnung? Der Kellner oder der Kunde?
7. Was ist das? Das Tagesmenü oder das Trinkgeld?
8. Wer gibt ein Trinkgeld? Der Kellner oder der Kunde?

Gespräch

Eine Reservierung Machen

RESTAURANT	Vier Jahreszeiten. Guten Tag.
SIE	Guten Tag. Ich möchte einen Tisch reservieren.
RESTAURANT	Gewiss, mein Herr (gnädige Frau). Für welchen Tag?
SIE	Für heute abend.
RESTAURANT	Und für wie viele Personen?
SIE	Für vier.
RESTAURANT	Um wieviel Uhr, bitte?
SIE	Um halb neun.
RESTAURANT	Ihren Namen, bitte.
SIE	*(Give your name.)*
RESTAURANT	In Ordnung. Einen Tisch für vier Personen, Dienstag abend, den achtundzwanzigsten um halb neun unter dem Namen *(your name)*.

Übung 2   Answer with one or more words based on the preceding conversation.

1. Mit wem telefonieren Sie?
2. Wollen Sie einen Tisch reservieren?
3. Für welchen Tag wollen Sie die Reservierung machen?
4. Und für wie viele Personen?
5. Um wieviel Uhr?
6. Ihren Namen, bitte?
7. Wie heißt das Restaurant?

Im Restaurant

KELLNER	Guten Abend meine *Herrschaften*.	*ladies and gentlemen*
KUNDE	Guten Abend. Haben Sie einen Tisch frei?	
KELLNER	Haben Sie eine Reservierung?	
SIE	Nein, leider nicht.	
KELLNER	Für wie viele Personen?	
SIE	Wir sind vier.	
KELLNER	Ja, ich habe *hinten* einen kleinen Tisch frei. *Ist das Ihnen recht?*	*in the back* *Is that all right with with you?*
SIE	In Ordnung.	

Übung 3   Answer the questions based on the preceding conversation.
1. Wo sind die Freunde?
2. Haben Sie einen Tisch reserviert?
3. Wie viele sind Sie?
4. Hat der Kellner einen Tisch?
5. Ist das Restaurant voll?
6. Wo ist der Tisch?
7. Ist der Tisch groß oder klein?

Im Restaurant

Sie	Die Speisekarte, bitte.	
Kellner	Bitte sehr.	
Sie	*(Accepting the menu)* Danke schön.	
Kellner	Ich empfehle das Tagesgedeck. Da bekommt man eine Suppe, Brathuhn, Salat und eine Nachspeise für fünfzehn Mark. *Ich komme gleich wieder.*	*I'll be right back.*
	(Der Kellner kommt zurück.)	
	Möchten Sie bestellen?	
Sie	Ja, das Tagesgedeck, bitte.	
Kellner	Sofort.	
	(Nach dem Essen)	
Sie	*Die Rechnung,* bitte.	*check*
Kellner	*Einen Augenblick, bitte.*	*Just a moment, please.*
Sie	*Bedienung* ist inbegriffen?	*service*
Kellner	Ja.	
Sie	Nehmen Sie Kreditkarten?	
Kellner	Ja, wir nehmen _____ und _____.	

Übung 4   Complete the statements based on the preceding conversation.

1. Der Kellner gibt mir _____.
2. Er empfiehlt _____.
3. Ich nehme _____.
4. Nach dem Essen bitte ich um _____.
5. Bedienung ist _____.
6. Das Restaurant nimmt _____.__.
7. Ich bezahle mit _____.

AUS DEM ALLTAG

Beispiel 1

You are vacationing in Wiesbaden. You and three friends want to go to a good restaurant. Call to make the reservation.
1. Call the restaurant. Ask them if they accept reservations.
2. Ask for a reservation for four people.
3. They want to know for which day you want the reservation. Tell them.
4. They want to know for what time you want the reservation. Tell them.

Beispiel 2

You are having dinner in a small restaurant off the Kudamm in Berlin.
1. Ask the waiter for a menu.
2. You notice on the menu that there is a **Tagesgedeck.** You want to know what the **Hauptgericht** *(main course)* is. Ask the waiter.
3. Since you do not want to spend a lot of money, order the **Tagesgedeck.**
4. You have finished your dinner. Ask the waiter for the check.
5. He brings you the check. Ask him if the service is included.
6. You want to pay with a credit card. Ask the waiter if they accept credit cards.

EINBLICK INS LEBEN

Beispiel 1

Familiarize yourself with the following categories that you will find on the menu of a typical good German restaurant.

Speisekarte

Vorspeisen
Suppen
Fleischgerichte
Meeresfrüchte
Fischgerichte
Geflügel
Wild
Gemüse
Nachspeisen
Getränke

Answer the questions based on the preceding menu.

1. You would like to have an appetizer. Under which heading would you find it?
2. To finish the meal, you want a dessert. Under which heading would you find it?
3. You want some vegetables with your main course. Under which heading would you find them?
4. For your main course, under which heading would you look if you were in the mood for one of the following?

    a. pork   d. lobster
    b. sole   e. beef
    c. turkey   f. venison

Methods of cooking (Zubereitungsweisen)

(in) aspic   in Aspik
baked   gebacken
barbecued   gegrillt
boiled   gekocht
braised   gedünstet
broiled   geröstet
(in) butter   in Butter, in Buttersoße
(in a) casserole   im Topf
(in cheese)   mit Käse überbacken
finely chopped   fein gehackt
fried   gebraten, frittiert
garnished   garniert
grated   zerrieben, gerieben
grilled   gegrillt
house style   nach Art des Hauses
(in) juices   in eigenem Saft
marinated   mariniert

mashed   püriert
(in) oil   in Öl
(with) parsley   mit Petersilie
(in a) pastry   im Teig
poached   pochiert
puréed   püriert
raw   roh
roasted   gebraten
sautéed   sautiert
(on a) skewer   am Spieß
smoked   geräuchert
steamed   gedämpft
stewed   geschmort
stewed in cream sauce   in Sahnesoße
stuffed   gefüllt
(in) thin strips   fein geschnitten

rare   englisch
medium   halb durch
well-done   (gut) durchgebraten

Kapitel 22

Kleidung

Wortschatz

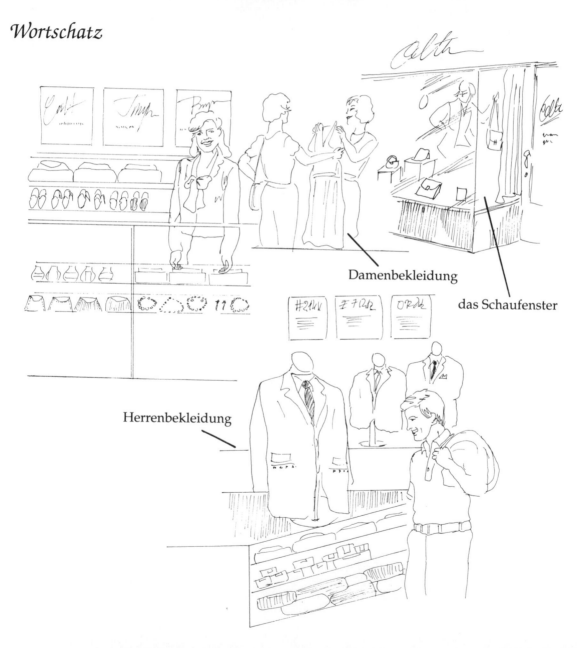

Damenbekleidung

das Schaufenster

Herrenbekleidung

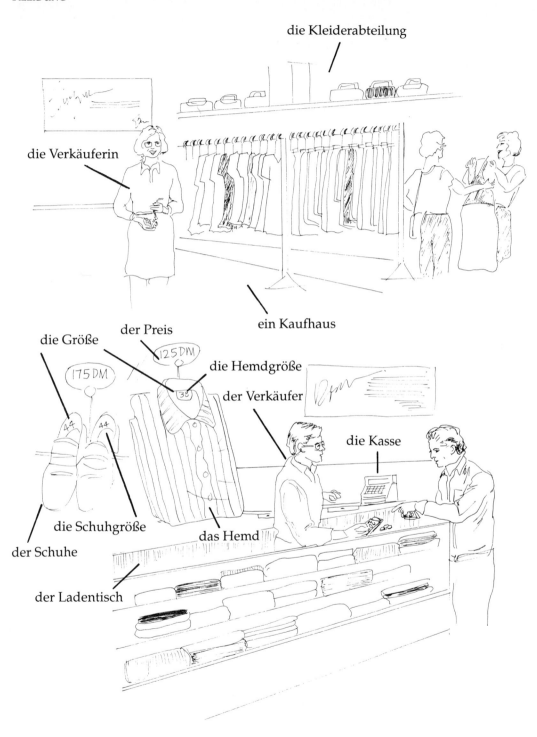

die Kleiderabteilung

die Verkäuferin

ein Kaufhaus

die Größe

der Preis

125 DM

die Hemdgröße

der Verkäufer

175 DM

die Kasse

44   44

die Schuhgröße

das Hemd

der Schuhe

der Ladentisch

Der Preis

Wieviel kostet der (die, das) _____?
Wie teuer ist der (die, das) _____?

NOTE   A complete list of articles of clothing appears on pages 111-112.

Übung 1   Answer with one or more words based on the illustration.

1. Verkauft das Geschäft Herrenbekleidung oder Damenbekleidung?
2. Ist dies eine Boutique oder ein Kaufhaus?
3. Wer bezahlt? Der Verkäufer oder der Kunde?
4. Welche Größe hat das Hemd? Achtunddreißig oder zweiundvierzig?
5. Und die Schuhe, welche Größe haben sie?
6. Wieviel kostet das Hemd? Fünfundachtzig Mark oder hundertfünfundzwanzig Mark?
7. Wieviel kosten die Schuhe? Hundertfünfzig Mark oder hundertfünfsiebzig Mark?

Übung 2   Give the following personal information.

1. Ihre Hemdgröße oder ihre Blusengröße
2. Ihre Schuhgröße

Gespräch

In einem Herrenbekleidunggeschäft

VERKÄUFER	Guten Tag. Kann ich Ihnen helfen?
KUNDE	Ich möchte ein Hemd, bitte.
VERKÄUFER	Welche Größe tragen Sie?
KUNDE	Größe zweiundvierzig, bitte.
VERKÄUFER	Und in welcher Farbe?
KUNDE	Weiß.
	(Ein paar Minuten später)
	Wieviel kostet dieses Hemd?
VERKÄUFER	Fünfundneunzig Mark. Sie bezahlen an der Kasse.

Übung 3   Answer the questions based on the preceding conversation.

1. Wo ist der Kunde?
2. Mit wem redet er?
3. Was kauft er?
4. Welche Größe trägt er?
5. Welche Farbe will er haben?
6. Wieviel kostet das Hemd?
7. Wo muß er bezahlen?

In einem Damenbekleidunggeschäft

VERKÄUFERIN	Guten Tag. Darf ich Ihnen behilflich sein?	
KUNDIN	Ich hätte gerne eine Bluse, bitte.	
VERKÄUFERIN	Welche Größe tragen Sie? Sechsunddreißig?	
KUNDIN	Ja, sechsunddreißig.	
VERKÄUFERIN	Welche Farbe wollen Sie?	
KUNDIN	Etwas sehr *Schlichtes* in Weiß.	*simple*
	(Ein paar Minuten später)	
	Wie teuer ist diese Bluse?	
VERKÄUFERIN	Zweihundertfünfzehn Mark. Sie bezahlen an der Kasse.	

Übung 4   Answer the questions based on the preceding conversation.

1. Ist die Kundin bei den Blusen oder bei den Röcken?
2. Mit wem redet sie?
3. Was will sie kaufen?
4. Welche Größe trägt sie?
5. Welche Farbe will sie haben?
6. Wie teuer ist die Bluse?

Im Schuhgeschäft

VERKÄUFER	Guten Tag. Womit kann ich Ihnen dienen?
KUNDE	Ich möchte ein Paar Schuhe, bitte.
VERKÄUFER	Welche Größe tragen Sie?
KUNDE	Größe fünfundvierzig, bitte.
VERKÄUFER	Gefallen Ihnen diese Schuhe?
KUNDE	Ja, ich möchte sie *anprobieren*.
VERKÄUFER	*Passen* die Schuhe?
KUNDE	Ja, die passen sehr gut. Sie sind sehr *bequem*. Wieviel kosten sie?
VERKÄUFER	Sie kosten zweihundert Mark.

try on
fit

comfortable

Übung 5 Choose the correct completions based on the preceding conversation.

1. Der Kunde ist _____.
   a. in einem Kaufhaus
   b. in einem Schuhgeschäft
   c. in einer Boutique
2. Er kauft _____.
   a. ein Hemd
   b. ein Paar Socken
   c. ein Paar Schuhe
3. Welche _____ trägt er?
   a. Verkäufer
   b. Größe
   c. Gemüse
4. Die Schuhe kosten _____.
   a. 20 Mark
   b. 200 Mark
   c. 250 Mark
5. Die Schuhe sind sehr _____.
   a. schön
   b. bequem
   c. alt

AUS DEM ALLTAG

Beispiel 1

You are in a boutique on Mariahilfer Straße in Vienna. The clerk comes up to you.
1. She asks you what she can do for you. Tell her what you want.
2. She asks you your size. Respond.

3. She wants to know what color you want. Tell her.
4. She shows you a blouse and you try it on. She asks if it fits. Tell her it does.
5. You want to know the price of the blouse. Ask her.
6. You want to know if you can pay with a credit card. Ask her.

Beispiel 2

You are in a shoe store in Giessen. The clerk comes up to you.
1. He asks you what you want. Of course, you want a pair of shoes. Tell him.
2. He wants to know your size. Tell him.
3. He wants to know what color you want. Tell him.
4. He brings you a pair and you try them on. He wants to know if they fit you. Tell him.
5. You want to know the price of the shoes. Ask him.

EINBLICK INS LEBEN

Beispiel 1

Read the following ad.

How does this ad state the following?

1. The store deals in both men's and women's apparel.
2. The store has well-known brands at good prices.
3. The store is open Saturdays.

Based on the ad, give the following information.
1. die Geschäftszeiten
2. die Adresse
3. die Telefonnummer

In this ad there are several abbreviations. Match the abbreviations in the first column with the words in the second column.

1. Str.		a.	Telefon
2. Gr.		b.	und
3. Tel.		c.	Deutsch Mark
4. u.		d.	Größe
5. DM		e.	Straße

Beispiel 2

Read the following ad for
a women's clothing store.

This ad contains many
different numbers.
Match the number in
the first column
with its meaning
in the second column.

1.	von 36 bis 56	a.	die Telefonnummer
2.	24	b.	die Hausnummer
3.	2300	c.	die Geschäftszeiten
4.	11.00 – 18.00 Uhr	d.	die Postleitzahl
5.	42 60 41 00	e.	die Größen

Men's Clothing (Herrenbekleidung)

bathing suit   der Badeanzug
belt   der Gürtel
bermuda shorts   die Bermudas
boots   die Stiefel
bow tie   die Fliege
briefs (bikini underpants)   der Slip
cap   die Mütze
cardigan sweater   die Strickjacke
gloves   die Handschuhe
handkerchief   das Taschentuch
hat   der Hut
jacket   die Jacke
    sports jacket   der (das) Sakko
jeans   die Jeans
jogging pants   die Jogginghose
necktie   die Kravatte, der Schlips
overcoat   der Mantel
pajamas   der Schlafanzug, der Pyjama
pants   die Hose
parka   der Anorak
pullover sweater   der Pullover, der Pulli
raincoat   der Regenmantel
sandals   die Sandalen

shirt   das Hemd
shoes   die Schuhe
shorts   die kurzen Hosen, die Shorts
slacks   die Hose
sneakers   die Turnschuhe
socks   die Socken
sport coat   der (das) Sakko
suit   der Anzug
suspenders   die Hosenträger
sweater, cardigan   die Strickjacke
    pullover sweater   der Pullover
T-shirt   das T-shirt
trenchcoat   der Trenchcoat, der Trench
tuxedo   der Smoking
umbrella   der (Regen) schirm
underpants   die Unterhose
    bikini-type briefs   der Slip
undershirt   das Unterhemd
underwear   die Unterwäsche
vest   die Weste
wallet   die Brieftasche
windbreaker   die Windjacke

Women's Clothing (Damenbekleidung)

bathing suit   der Badeanzug
bathrobe   der Bademantel, der Morgenrock
bermuda shorts   die Bermudas
blazer   der Blazer
blouse   die Bluse
bra   der BH, der Büstenhalter
cape   das Cape, der Umhang
cardigan sweater   die Strickjacke
change purse   das Portemonnaie
dress   das Kleid
evening gown   das Abendkleid
fur coat   der Pelzmantel
gloves   die Handschuhe

handkerchief   das Taschentuch
hat   der (Damen) hut
jacket   die Jacke
    windbreaker   die Windjacke
jeans   die Jeans
overcoat   der Mantel
pajamas   der Schlafanzug, der Pyjama
nightgown   das Nachthemd
panties   das Unterhöschen
    bikini-type briefs   der Slip
slacks   die Hose
pant suit   der Hosenanzug
pantyhose   die Strumpfhose

pocketbook   die Handtasche
pullover sweater   der Pullover, der Pulli
raincoat   der Regenmantel
scarf   der Schal
shoes   die Schuhe
shorts   die Shorts
skirt   der Rock
slacks   die Hose
slip, full   der Unterrock
socks   die Socken

stockings   die Strumpfhose
suit   das Kostüm
sweater, cardigan   die Strickjacke
    pullover sweater   der Pullover
tights   die Strumpfhose
trenchcoat   der Trenchcoat, der Trench
umbrella   der (Regen) schirm
undergarments   die Unterwäsche
windbreaker   die Windjacke

Kapitel 23

Beim Arzt

Wortschatz

Im Sprechzimmer

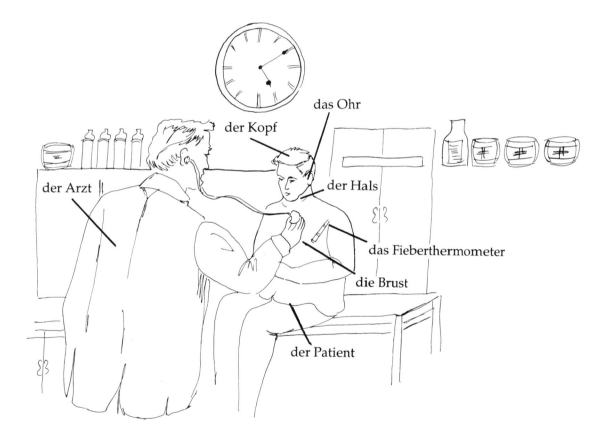

Read the following:

Der Arzt mißt sein Fieber.
Er hat Fieber. Er hat hohes Fieber.

Magenschmerzen haben

niesen

die Krankenschwester

Read the following:

Ich habe eine *Erkältung.*	*cold*
Ich bin erkältet.	
Ich habe eine *Grippe.*	*flu*
Ich niese.	*I sneeze.*
Ich huste.	*I cough.*
Ich habe Husten.	
Ich habe Magenschmerzen.	*I have a stomach ache.*
Ich habe *Schüttelfrost.*	*chills*
Ich habe *Halsschmerzen.*	*sore throat*
Ich habe *Halsweh.*	*sore throat*

Übung 1   Answer the questions based on the illustration.

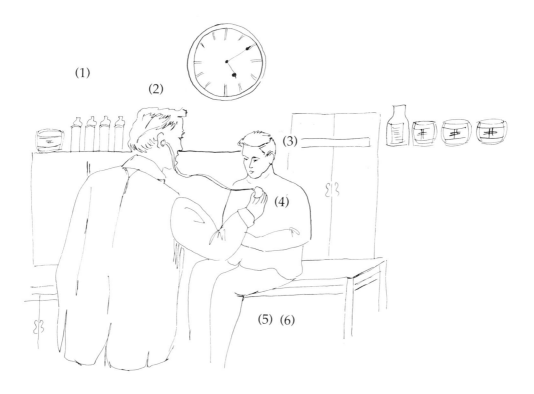

1. Sind wir im Sprechzimmer oder im Krankenhaus *(hospital)?*
2. Ist dieser Mann der Arzt oder der Patient?
3. Ist das der Hals oder das Ohr?
4. Ist das die Brust oder der Hals?
5. Hustet der Kranke?
6. Hat der Kranke eine Grippe?

Übung 2   Answer personally.

1. Niesen Sie viel, wenn Sie erkältet sind?
2. Husten Sie auch?
3. Haben Sie Fieber?
4. Haben Sie Schüttelfrost?
5. Haben Sie Halsschmerzen?
6. Haben Sie Kopfschmerzen *(headache)?*
7. Sind Sie müde *(tired)?*
8. Haben Sie keinen Appetit?

Übung 3 Complete the following statements.

1. Ich habe _____ (headache).
2. Ich habe _____ (sore throat).
3. Ich habe _____ (stomach ache).

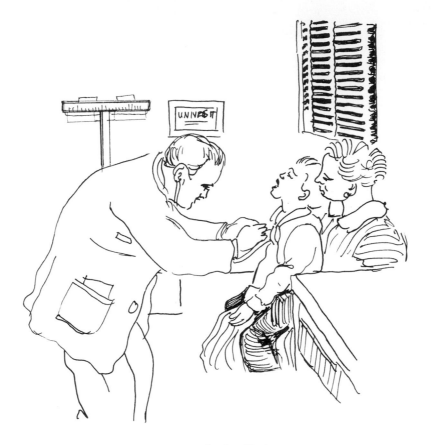

Der Arzt untersucht den Patienten.
Der Patient öffnet den *Mund*.   mouth
Er holt tief Atem.
Er atmet ein.
Er atmet aus.

Read the following:

Der Arzt gibt ihm ein *Rezept*.   prescription

die Medikamente   die Antibiotika
die Allergien   allergisch

Übung 4 Answer the questions based on the preceding illustration.

1. Wer untersucht den Patienten?
2. Wer öffnet den Mund?
3. Wer schaut ihm in den Hals?
4. Wer holt tief Atem?
5. Wer schreibt ein Rezept?
6. Wer bekommt das Rezept?

Gespräch

Im Sprechzimmer

PATIENT Herr Doktor, ich fühle mich nicht gut.
ARZT Also, was haben Sie für Symptome?
PATIENT Ich habe Halsschmerzen.
ARZT Und haben Sie auch Kopfschmerzen?
PATIENT Ja, ich fühle mich sehr schlecht.
ARZT Öffnen Sie den Mund, bitte. Ich will Ihnen in den Hals schauen.
(Er schaut den Hals an.)
Ja, Sie haben einen wunden Hals. Ich messe jetzt Ihr Fieber.
PATIENT Ich weiß, ich habe Fieber.
ARZT Haben Sie Schüttelfrost?
PATIENT Ja, und ich huste auch.
ARZT Sind Sie allergisch gegen Penicillin?
PATIENT Nein.
ARZT Also, ich schreibe Ihnen ein Rezept für ein Antibiotikum. Es ist nicht schlimm. In ein paar Tagen fühlen Sie Sich besser.

Übung 5 Complete the statements based on the preceding conversation.

1. Der Patient ist im _____.
2. Er redet mit dem _____.
3. Er hat _____.
4. Er öffnet den _____.
5. Der Arzt schaut ihm in den _____.
6. Er mißt sein _____.
7. Der Patient ist nicht gegen Penicillin _____.
8. Der Arzt schreibt ihm ein _____.
9. Es ist ein Rezept für _____.
10. Der Patient fühlt sich in _____ Tagen besser.

Übung 6   Pretend you are the patient in the preceding conversation and answer the following questions.

1. Sind Sie erkältet?
2. Husten Sie?
3. Haben Sie Halsschmerzen?
4. Haben Sie Fieber?
5. Sind Sie beim Arzt?
6. Schaut der Arzt Ihnen in den Hals?
7. Sind Sie gegen Penicillin allergisch?
8. Was schreibt der Arzt?
9. Wann werden Sie sich besser fühlen?
10. Beschreiben Sie Ihre Symptome.

AUS DEM ALLTAG

Beispiel 1

You are traveling through Switzerland and suddenly you are not feeling very well. You go to the doctor.
1. You are tired and you have a sore throat. You also have the chills, so you think you have a fever. Explain your symptoms to him.
2. The doctor wants to know if you have any allergies to medicines. Tell him.

Beispiel 2

When a person travels in a foreign country, his or her system often becomes upset. Note the following words for some of the conditions that might develop.

nausea   **der Brechreiz**
diarrhea   **der Durchfall**
constipation   **die Verstopfung**
to vomit   **brechen, sich übergeben**

You are traveling and you are having some stomach and intestinal problems. You go to the doctor to get some relief. Explain your symptoms to her.

Kapitel 24

Kulturelle Veranstaltungen

Wortschatz

der Film

das Theaterstück

die Show

die Ausstellung

das Kino

das Theater

der Nachtklub

das Museum

Übung 1 Answer the questions based on the illustration.

1. Ist das ein Film oder ein Theaterstück?
2. Ist das eine Show oder eine Austellung?
3. Ist das ein Nachtklub oder ein Kino?
4. Ist das ein Museum oder ein Theater?

Übung 2 Complete.

1. Willst du einen Film sehen?
   Ja, ich gehe ins _____.
2. Willst du ein Theaterstück sehen?
   Ja, ich gehe ins _____.
3. Willst du eine Austellung besuchen?
   Ja, ich gehe ins _____.
4. Willst du eine Show sehen?
   Ja, ich gehe in einen _____.

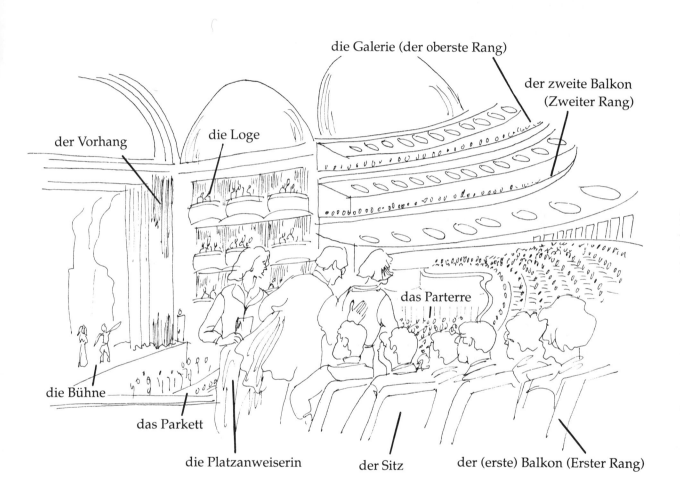

die Galerie (der oberste Rang)

der zweite Balkon
(Zweiter Rang)

der Vorhang

die Loge

das Parterre

die Bühne

das Parkett

die Platzanweiserin

der Sitz

der (erste) Balkon (Erster Rang)

der Beginn der Aufführung/Vorstellung

die (Theater)karte

die Kasse

Read the following:

Ein guter Film *läuft*.	*is playing*
Sie *zeigen* einen guten Film.	*are showing*
Sie *führen* ein Theaterstück *auf*.	*are putting on (a play)*
Sie *zeigen* ein neues Kabarett.	*are putting on (a show)*

Übung 3   Answer the questions based on the illustration.

1. Ist das ein Theater oder ein Kino?
2. Ist die Platzanweiserin in der Galerie oder im ersten Rang?

Übung 4   Answer the questions based on the cues.

1. Im Kino sitzen Sie gern vorne *(in front)?*   *nein*
2. Wo sitzen Sie gern im Theater?   *im Parkett*
3. Wo kaufen Sie die Theaterkarten?   *an der Kasse*
4. Wenn man ins Theater geht, macht man eine Reservierung?   *ja*
5. Wenn man ins Kino geht, macht man eine Reservierung?   *nein*
6. Beginnt die Vorstellung um zwanzig Uhr?   *nein*
7. Führt man Theaterstücke in einem Kino oder in einem Theater auf?   *in einem Theater*
8. Zeigt man Filme im Theater oder im Kino?   *im Kino*

Übung 5   Answer the following questions.

1. Wo sitzen Sie gern im Theater?
2. Und im Kino?
3. Macht man Reservierungen, wenn man ins Kino geht?
4. Wo sind Ihre Sitzplätze?
5. Wann geht der Vorhang auf?

Gespräch

An der Theaterkasse

Sie	Zwei Karten für die Aufführung heute abend, bitte.	
DAME AN DER KASSE	Heute abend ist *ausverkauft*.	*sold out*
SIE	Und morgen abend?	
DAME AN DER KASSE	Es gibt noch Plätze. Wie viele Karten wollen Sie?	
SIE	Zwei, bitte.	
DAME AN DER KASSE	Ich habe gute Plätze im ersten Rang, in der ersten Reihe. Möchten Sie die?	
SIE	Sehr gut. Wieviel kosten die Karten?	
DAME AN DER KASSE	Fünfundachtzig Mark pro Karte.	
SIE	Gut. Und wann geht der Vorhang auf?	
DAME AN DER KASSE	Um zwanzig Uhr dreißig.	

Übung 6   Complete the statements based on the preceding conversation.

1. Martin est an der _____.
2. Er will _____ für heute abend kaufen.
3. Leider sind die Karten _____.
4. Für heute abend gibt es keine _____ mehr.
5. Für morgen aber gibt es _____.
6. Martin nimmt _____ Karten für morgen abend.
7. Seine Plätze sind im _____.
8. Die Karten kosten _____ pro Stück.
9. Der Vorhang geht um _____ auf.

AUS DEM ALLTAG

Beispiel 1

You are speaking with Regina Böhm.
1. You would like to know if she wants to go to the movies tonight. Ask her.
2. There is a very good film showing at the Kino am Dreiecksplatz. Tell her.
3. She wants to know what time the film starts. Tell her.

Beispiel 2

You are at the box office **(an der Theaterkasse)** of the **Stadttheater** in Flensburg. You are speaking with the **Dame an der Kasse.**
1. Ask her for two tickets.
2. The ticket seller wants to know what show you want the tickets for. Tell her for tonight.
3. She informs you that they are sold out for tonight. Ask her if she has seats for tomorrow night.
4. She tells you she does. Tell her you want two tickets.
5. She wants to know where you would like to sit. Tell her.
6. Ask her the price.
7. You want to know what time the curtain goes up. Ask her.

EINBLICK INS LEBEN

Beispiel 1

Look at the following
 advertisement.

Samstag, den 30. April
Nachmittagsvorstellung um 15 Uhr 30
Abendvorstellung um 20 Uhr 45

Neues Schauspielhaus

Die Wiederkehr

von
Eberhard Berkemann

mit

Ursula Brandt

**Heinz Kaufman
und
Ingo Zank**

Give the following information based on the advertisement you just read.

    der Name des Theaters
    der Titel des Theaterstücks
    der Autor des Theaterstücks
    der Name der Schauspielerin
    die Namen der zwei Schauspieler
    der Beginn der Aufführung

Kapitel 25

Sport

Wortschatz

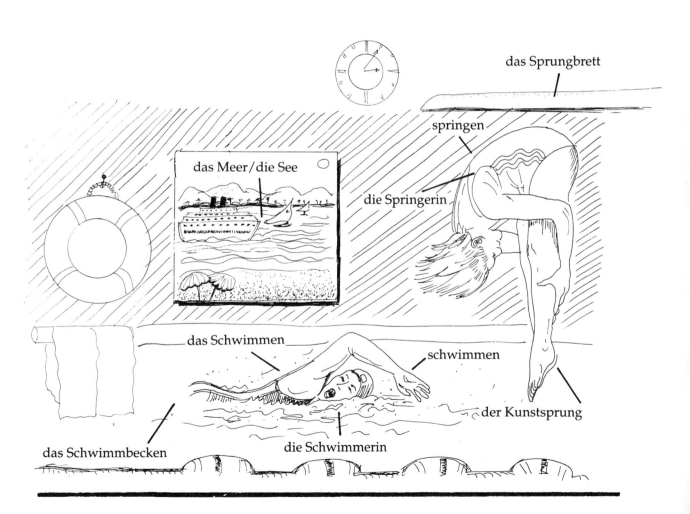

das Sprungbrett

springen

die Springerin

das Meer/die See

das Schwimmen

schwimmen

der Kunstsprung

das Schwimmbecken

die Schwimmerin

Übung 1   Answer the questions based on the illustration.

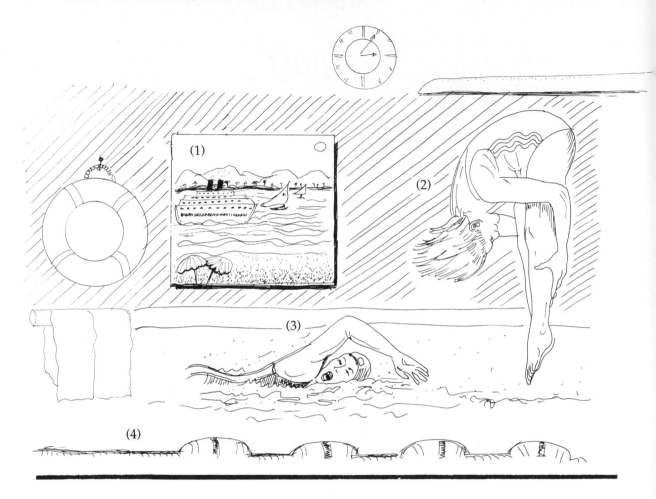

1. Ist das der Meer oder das Schwimmbecken?
2. Ist das eine Schwimmerin oder eine Springerin?
3. Schwimmt sie oder springt sie?
4. Ist das ein Schwimmbecken oder ein Sprungbrett?

Übung 2   Answer personally.

1. Schwimmen Sie?
2. Schwimmen Sie gut?
3. Schwimmen Sie gern?
4. Springen Sie vom Sprungbrett?
5. Können Sie gut springen?

Gespräch

ACHIM	Schwimmst du gern?
ELKE	Ja. Ich schwimme sehr gern.
ACHIM	Schwimmst du gut?
ELKE	*Ziemlich gut.* Ich schwimme jeden Tag im *Hallenbad.*
ACHIM	Vielleicht kann ich mal mit dir schwimmen gehen.
ELKE	Natürlich, wenn du willst.
ACHIM	Aber ich kann nicht vom Sprungbrett springen.
ELKE	Ich auch nicht. Wir können es zusammen lernen.

pretty well
indoor swimming pool

Übung 3 Answer *yes* or *no* based on the preceding conversation.

1. Beide *(both)* können schwimmen.
2. Beide können vom Sprungbrett springen.
3. Es gibt kein Sprungbrett in der Schwimmhalle.
4. Elke schwimmt draußen *(outdoors)*.
5. Achim will mit ihr schwimmen gehen.

Wortschatz

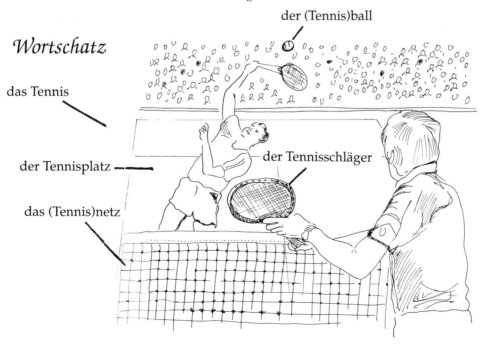

der (Tennis)ball

das Tennis

der Tennisplatz

das (Tennis)netz

der Tennisschläger

Der Tennisspieler schlägt auf.
Der Gegner schlägt den Ball zurück.

das Golf

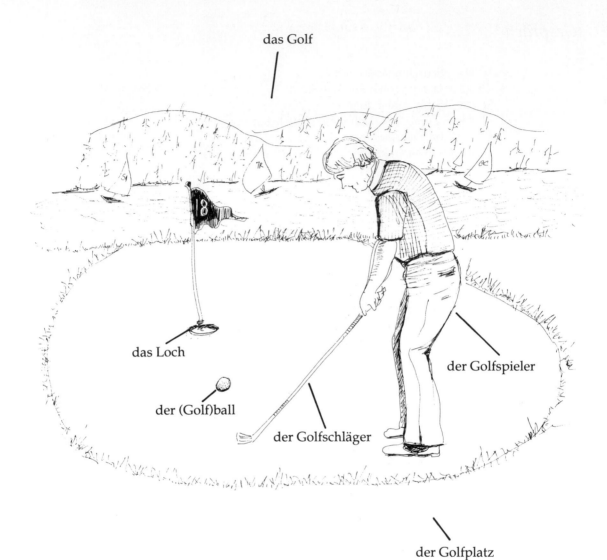

das Loch

der (Golf)ball

der Golfschläger

der Golfspieler

der Golfplatz

Der Golfspieler treibt den Ball.
Der Golfspieler puttet den Ball.

Übung 4 Answer the questions based on the illustration.

1. Ist das ein Tennisplatz oder ein Golfplatz?
2. Spielt man Tennis oder Golf?
3. Benutzt man Tennisschläger oder Golfschläger?
4. Ist das ein Netz oder ein Loch?
5. Wer schlägt auf? Ein Tennisspieler oder ein Golfspieler?

Übung 5 Is it golf or tennis?

1. Man benutzt einen Golfschläger.
2. Man benutzt einen Tennisschläger.
3. Der Ball fliegt über das Netz.
4. Der Spieler schlägt auf.
5. Der Gegner schlägt den Ball zurück.
6. Man puttet den Ball gegen *(toward)* das Loch.
7. Es gibt achtzehn Löcher auf dem Golfplatz.
8. Jedes Loch ist mitten in einem Grün *(green)*.
9. Man schlägt den Ball.
10. Man treibt den Ball.

Gespräch

BERND	Tina, spielst du gern Tennis?	
TINA	Sehr gern, und du?	
BERND	Ja, aber *leider* spiele ich nicht besonders gut.	*unfortunately*
TINA	Hast du einen Tennisschläger?	
BERND	Ja.	
TINA	Bei uns ist ein Tennisplatz *in der Nâhe*. Willst du mit mir spielen?	*nearby*
BERND	Ja. Aber nur wenn du *Geduld* hast.	*patience*

Übung 6   Answer the questions based on the preceding conversation.

1. Wer spielt gern Tennis?
2. Wer spielt nicht so gut Tennis?
3. Wer hat einen Tennisschläger?
4. Will Bernd Tennis spielen?
5. Mit wem will er spielen?
6. Wer muß Geduld haben?

Wortschatz

der Sessellift
die Schihütte
die Schlittschuhbahn/die Eisbahn
schlittschuhlaufen/eislaufen
die Piste
der Schläufer
der Schlittschuh
der Schi
der Schistock
der Schischuh/der Schistiefel

Übung 7   Answer the questions based on the illustration.

1. Ist das eine Schihütte oder eine Eisbahn?
2. Läuft der junge Mann Schi oder läuft er Schlittschuh?
3. Hat er Schistöcke oder Schlittschuhe?
4. Ist das Mädchen auf einer Piste oder auf einer Eisbahn?
5. Trägt Sie Schier oder Schlittschuhe?

Übung 8   Choose the correct completion.

1. Die _____ wollen schilaufen.
   a. Schiläufer   b. Schlittschuhläufer
2. Sie gehen auf _____.
   a. die Schlittschuhbahn   b. die Piste
3. Die Schiläufer haben _____.
   a. Schlittschuhe   b. Schistöcke

Gespräch

CAROLA   Hast du Wintersport gern?
ANDREAS   Ja, sehr gern. Ich fahre immer nach Sankt Anton.
CAROLA   Sankt Anton?
ANDREAS   Ja, ein kleiner Schiort in den Alpen.

Übung 9   Complete the responses based on the preceding conversation.
1. Was hat Andreas gern?
   Er hat _____ gern.
2. Wohin fährt er?
   Er fährt nach _____.
3. Wo ist Sankt Anton?
   Sankt Anton ist in den _____.
4. Was ist Sankt Anton?
   Es ist ein kleiner _____.

Wortschatz

Read the following:

Eine *Mannschaft* spielt gegen die andere Mannschaft.	*team*
Beide Mannschaften haben die gleiche Anzahl von *Toren*.	*score*
Das Spiel ist *unentschieden*.	*tied*
Der Spielstand ist eins zu *null*.	*score/zero*
Der Spielstand ist 1:0 für Bayer Leverkusen.	
Die Mannschaft Bayer Leverkusen *gewinnt*.	*wins*
Die Mannschaft Borussia Dortmund *verliert*.	*loses*

Übung 10   Answer the questions based on the cues.

1. Wie viele Mannschaften spielen in einem Fußballspiel?   *zwei*
2. Wie viele Spieler hat eine Fußballmannschaft?   *elf*
3. Wer spielt gegen Bayer Leverkusen?   *Borussia Dortmund*
4. Ist das Spiel unentschieden?   *nein*
5. Was ist der Spielstand?   *eins zu null (1:0)*
6. Für… ?   *Bayer Leverkusen*
7. Wer hat den Ball?   *Bayer Leverkusen*
8. Wer gewinnt?   *Bayer Leverkusen, ohne Zweifel* (without a doubt)

AUS DEM ALLTAG

Beispiel 1

You are speaking with a Swiss friend and you want to know if she likes to engage in the following sports **(spielen + gern + sport).** Find out.
1. Tennis
2. Golf
3. Fußball

Beispiel 2

This same friend wants to know if you like to do the following (*verb* **+ gern**). Use the pattern:
Ich schwimme gern.
1. schwimmen
2. joggen *(jog)*
3. wandern *(hike)*

Beispiel 3

You are speaking with a friend in Aachen on the telephone. He is watching a football game on television.
1. You want to know who is playing. Ask him.
2. You want to know who's winning. Find out.
3. You would like to know the score. Ask him.

Kapitel 26

Die Familie

Wortschatz

die Großmutter der Großvater

der Großvater die Großmutter

die Enkelkinder:
der Enkel/
der Enkelsohn
die Enkelin/
die Enkeltochter

der Vater die Mutter

der (Ehe)mann ↔ die (Ehe)frau

der Onkel
die Tante

der Neffe
die Nichte

der Sohn die Tochter

der Bruder ↔ die Schwester

die Cousine ↔ der Cousin
der Vetter

Note the terms for various in-laws.

die Schwiegereltern	**die Schwiegertochter**
die Schwiegermutter	**der Schwiegersohn**
die Schwiegervater	**der Schwager**
	die Schwägerin

Übung 1   Answer personally.

1. Wie heißen Sie?
2. Ist Ihre Familie groß oder klein?
3. Wie viele Schwestern haben Sie?
4. Wie viele Brüder haben Sie?
5. Haben Sie viele Onkel?
6. Haben Sie viele Tanten?
7. Haben Sie viele Vettern?
8. Wie viele Neffen haben Sie?
9. Und wie viele Nichten haben Sie?
10. Wo wohnen Ihre Großeltern?
11. Wohnen Sie bei Ihren Eltern?
12. Sind Sie verheiratet oder sind sie ledig *(single)?*
13. Haben Sie Söhne?
14. Haben Sie Töchter?

Übung 2   Complete the following mini-conversations.

1. Sind Sie verheiratet?
   Ja, meine _____ heißt Mechthild.
2. Sind Sie verheiratet?
   Nein, ich bin _____.
3. Arbeiten Ihre Eltern?
   Ja, meine _____ ist Lehrerin und mein _____ ist Buchhalter.
4. Hat Ihre Tante Kinder?
   Ja, sie hat zwei Töchter. Sie sind meine einzigen _____.

AUS DEM ALLTAG

Beispiel 1

You are speaking with a new acquaintance in Austria.
1. She wants to know if you have a large family. Tell her.
2. She wants to know how many cousins you have. Tell her.
3. She wants to know if you are married or single. Tell her.

Kapitel 27

Das Wohnen

Wortschatz

der Vorort

die Stadt

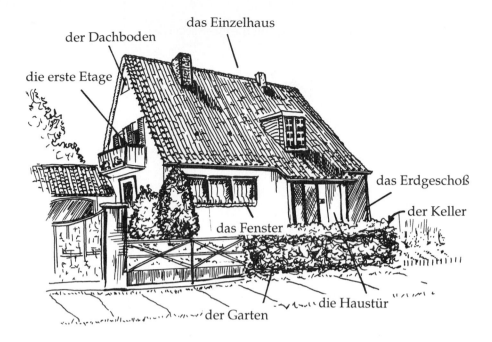

NOTE   The first floor in a German house or apartment building is called **das Erdgeschoß** or **das Parterre.** The second story is called **die erste Etage** or **das erste Stockwerk,** the third story is called **die zweite Etage** or **das zweite Stockwerk,** etc.

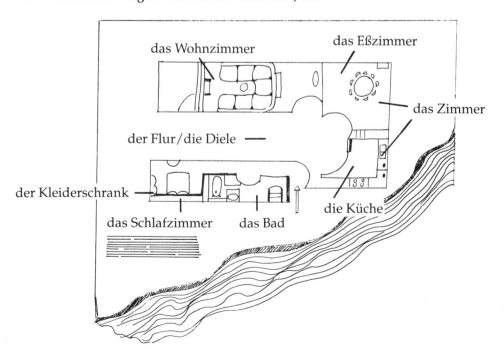

Übung 1   Answer the questions based on the illustrations.

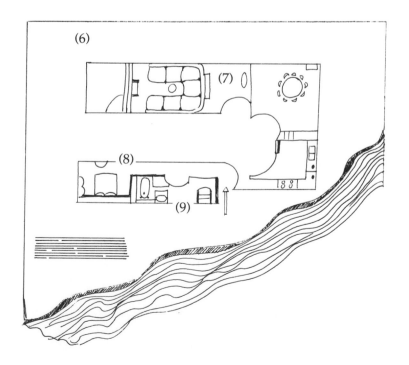

1. Ist das ein Einzelhaus oder ein Reihenhaus?
2. Ist das der Keller oder der Dachboden?
3. Ist das das Erdgeschoß oder die erste Etage?
4. Ist das die Tür oder ein Fenster?
5. Ist das die Haustür oder ein Fenster?
6. Wie viele Zimmer gibt es im Erdgeschoß?
7. Ist das das Wohnzimmer oder das Eßzimmer?
8. Ist das der Eßzimmer oder das Schlafzimmer?
9. Ist das der Kleiderschrank oder das Bad?

Übung 2   Answer the following questions about your house.

1. Ist Ihr Haus groß oder klein?
2. Hat Ihr Haus einen Keller?
3. Hat es einen Dachboden?
4. Wie viele Zimmer hat Ihr Haus?
5. Hat Ihr Haus einen Garten?
6. Hat der Garten einen Zaun *(fence)*?
7. Haben Sie auch eine Garage?
8. Für wie viele Autos?
9. Wie viele Kleiderschränke haben Sie in Ihrem Schlafzimmer?

Übung 3   Complete the following statements.

1. Man macht das Essen in der _____.
2. Die Familie ißt im _____.
3. Man sieht im _____ fern *(watches television)*.
4. Man schläft im _____.
5. Man badet im _____.

Gespräch

RAINER	Die Kloppenburgs wollen ein Haus kaufen.
EVA	Wirklich. Wo denn?
RAINER	In Plön.
EVA	Hast du das Haus gesehen?
RAINER	Ja. Es ist ziemlich groß—ein großes Wohnzimmer, Eßzimmer und Küche im Erdgeschoß, und drei Schlafzimmer oben. Und die Küche ist ganz modern.
EVA	Toll. Ist es weit von Kiel?
RAINER	Nein. Nicht sehr weit. Man kann mit der Bahn fahren.

Übung 4   Complete the statements based on the preceding conversation.

1. Die Kloppenburgs wollen ein _____ kaufen.
2. Das Haus ist in _____.
3. Das Haus ist nicht klein. Es ist _____.
4. Es hat _____ im Erdgeschoß..
5. Oben sind _____.
6. Die Küche ist _____.

Übung 5   Answer personally.

1. Wohnen Sie in der Stadt oder einem Vorort?
2. Wohnen Sie in einem Einzelhaus oder in einer Wohnung?
3. Wie ist Ihre Adresse?

Wortschatz

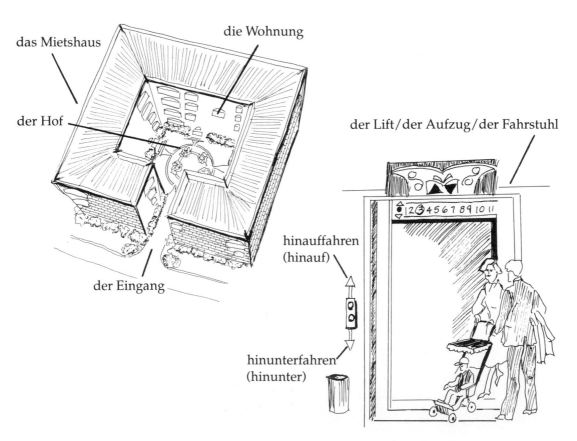

das Mietshaus

die Wohnung

der Hof

der Eingang

der Lift/der Aufzug/der Fahrstuhl

hinauffahren
(hinauf)

hinunterfahren
(hinunter)

Übung 6   Answer the questions based on the illustrations.

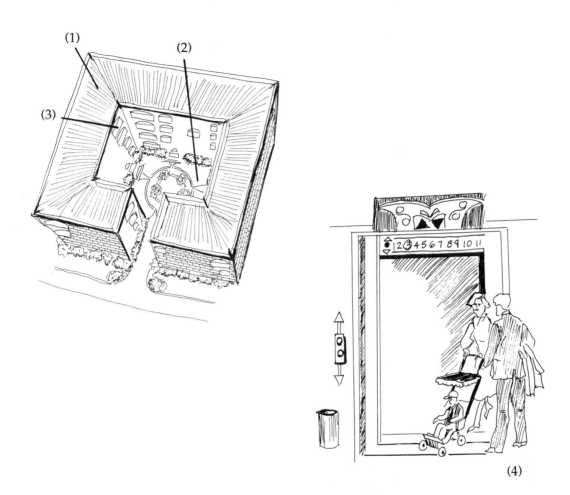

1. Ist das ein Mietshaus oder ein Einzelhaus?
2. Ist das der Hof oder der Garten?
3. Ist diese Wohnung im Erdgeschoß oder im dritten Stockwerk?
4. Steht das Ehepaar vor dem Fahrstuhl oder vor der Treppe *(stairs)?*

Übung 7   Complete the following statements.

1. Es gibt viele _____ in einem Mietshaus.
2. Dieses Mietshaus hat _____ Stockwerke *(stories/floors).*
3. Wenn man in die dritte Etage eines großen Mietshaus will, nimmt man den _____.
4. Der Aufzug fährt _____ und hinunter.

Gespräch

UDO	Heike, wohnst du auch in einem *Studentenheim?*	*dormitory*
HEIKE	Nein, ich habe ein Zimmer in einer *Wohngemeinschaft.*	*commune*
UDO	Wo liegt sie?	
HEIKE	In einer Altbauwohnung in Schwabing.	
UDO	*Klasse.*	*fantastic*

Übung 8   Complete the statements based on the preceding conversation.

1. Heike wohnt nicht in einem Studentenheim, sondern in einer _____.
2. Heikes Bude ist in einer _____.
3. Die Altbauwohnung liegt in _____.
4. Udo wohnt in einem _____.

AUS DEM ALLTAG

Beispiel 1

You are vacationing on Sylt and are speaking with some new acquaintances.
1. They want to know where you live in the United States. Tell them.
2. They want to know if you have a house or an apartment. Tell them.
3. They want to know how many rooms your home has. Tell them.
4. To the best of your ability, describe your American home to them.

EINBLICK INS LEBEN

Beispiel 1

Look at the floor plan of this home.

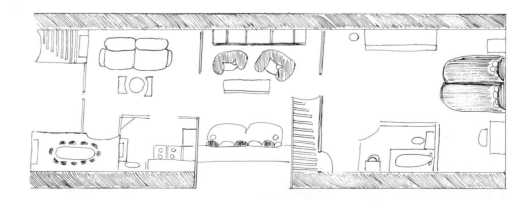

Fill in the floor plan using as many of the following words as possible.

der Erdgeschoß	**die Küche**
die erste Etage	**das Zimmer**
das Badezimmer	**das Wohnzimmer**
der Kleiderschrank	**der Flur**

Kapitel 28

Der Unterricht

Wortschatz

der Lehrer

der Professor

die Schule

die Universität

Read the following:

Der Lehrer unterrichtet (lehrt).
Die Schüler lernen.

Schüler gehen in die Schule.
Studenten gehen auf die Universität.

Fächer und Kursen

Many courses of study have names in German that are very similar to the English. What would we call the following subjects in English?

Germanistik
Geometrie
Trigonometrie
Geographie (Erdkunde)
Soziologie
Biologie
Chemie
Zoologie

Philosophie
Psychologie
Mathematik (Mathe)
Musik
Physik
Algebra
Literatur
Sport

The names for other courses of study are not as obvious:

social sciences   Sozialwissenschaften
natural sciences   Naturwissenschaften
history   Geschichte
foreign languages   Fremdsprachen
art   Kunst
home economics   Hauswirtschaft

marks in school—A,B,C   die Note, die Noten, 1, 2, 3

Übung 1   Answer the questions based on the illustration.

1. Ist das in einer Schule oder auf einer Universität?
2. Ist der Mann vorne ein Lehrer oder ein Professor?
3. Viele Leute sitzen im Zimmer. Sind sie Schüler oder Studenten?

Übung 2   Answer the following questions.
  1. Wer unterrichtet in einer Schule?
  2. Wer unterrichtet auf einer Universität?
  3. Wer geht in die Schule?
  4. Wer geht auf die Universität?

Übung 3   Answer the following questions.

  1. Studieren Sie Mathe?
  2. Studieren Sie Soziologie?
  3. Studieren Sie Fremdsprachen?
  4. Welche Fremdsprache studieren Sie?

Übung 4   Answer the following questions with **Ja, ich studiere…** .

  1. Studieren Sie Mathe?
  2. Studieren Sie Deutsch?
  3. Studieren Sie Geschichte?
  4. Studieren Sie Germanistik?

Gespräch

ILLONA	Sind Sie an der Uni (Universität)?
FRANK	Ja, ich studiere hier in *(your town)*.
ILLONA	Was studieren Sie?
FRANK	Zoologie.
ILLONA	Wie lange studieren Sie schon?
FRANK	Ich bin im vierten Semester.
ILLONA	Ich auch. Aber ich mache Biologie.

NOTE   Students at universities in German-speaking countries describe their status in semesters rather than years.

Übung 5   Answer the questions based on the preceding conversation.

  1. Geht Frank zur Schule oder auf die Uni?
  2. Was studiert er?
  3. Im welchem Semester ist er?
  4. Wie lange studiert Illona?
  5. Macht Illona Geographie?

AUS DEM ALLTAG

Beispiel 1

You are speaking with Hans-Joachim from Halle an der Saale.
1. He wants to know if you are a student. Tell him.
2. He asks where you go to school. Answer him.
3. He wants to know if you are studying German. Tell him.
4. He wants to know how long you have been studying at the university. Tell him.
5. Ask him where he goes to school.
6. Ask him what he is studying.
7. Ask him how long he has been studying.

Kapitel 29

Die Arbeit

Wortschatz

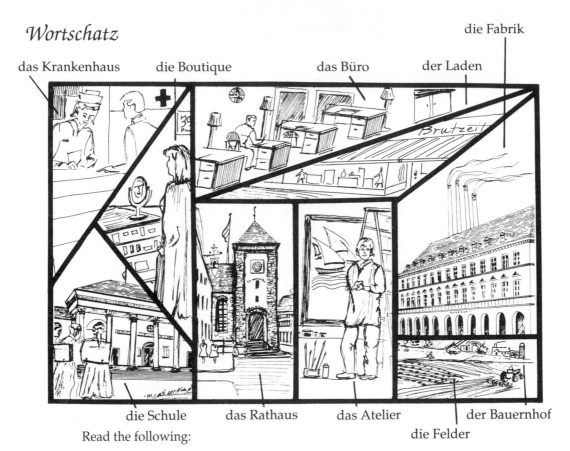

das Krankenhaus · die Boutique · das Büro · der Laden · die Fabrik

die Schule · das Rathaus · das Atelier · die Felder · der Bauernhof

Read the following:

Der Professor arbeitet an einer Universität.
Der Sekretärin arbeitet in einem Büro.
Der Arbeiter arbeitet in einer Fabrik.
Der Angestellte arbeitet in einem Kaufhaus.
Die Verkäuferin arbeitet in einer Boutique.
Der Künstler arbeit in einem Atelier.
Der Bauer arbeitet auf dem Feld.
Der Beamte arbeitet im Rathaus.
Der Arzt arbeitet im Krankenhaus.
Die Krankenschwester arbeitet auch im Krankenhaus.

Übung 1 Answer the questions based on the illustration.

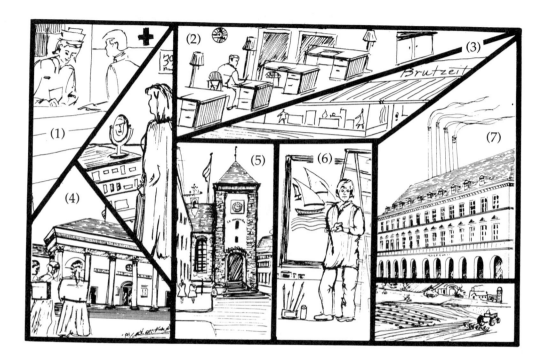

1. Ist das eine Schule oder ein Krankenhaus?
2. Ist das ein Bauernhof oder ein Büro?
3. Ist das ein Kaufhaus oder eine Fabrik?
4. Ist das eine Schule oder ein Büro?
5. Ist das eine Boutique oder ein Rathaus?
6. Ist das eine Fabrik oder ein Atelier?
7. Ist das eine Fabrik oder ein Rathaus?

Übung 2 Answer.

1. Wer arbeitet in einer Schule? Ein Lehrer oder ein Bauer?
2. Wer arbeitet in einem Atelier? Ein Verkäufer oder ein Künstler?
3. Wer arbeitet in einer Boutique? Eine Verkäuferin oder ein Künstlerin?
4. Wer arbeitet in einem Krankenhaus? Ein Bauer oder eine Krankenschwester?
5. Wer arbeitet für den Staat? Ein Beamter oder ein Künstler?

Übung 3   Choose who it is.

1. Er arbeitet für sich selbst. Er macht Keramik.
   a. ein Lehrer   b. ein Künstler   c. ein Arbeiter
2. Er arbeitet in der Volkswagen Fabrik.
   a. ein Arbeiter   b. ein Arzt   c. ein Fahrer
3. Sie unterrichtet an einer Universität.
   a. eine Krankenschwester   b. eine Sekretärin   c. eine Professorin
4. Er füttert Schweine.
   a. ein Angestellter   b. ein Bauer   c. ein Künstler
5. Er arbeitet im Rathaus.
   a. ein Professor   b. eine Krankenschwester   c. ein Beamter

Read the following:

Leute, die einen Beruf ausüben, sind **berufstätig.**
Leute, die keine Arbeit haben, sind **arbeitslos.**
Rentner sind ältere Leute, die nicht mehr arbeiten.
Studenten sind Leute, die an einer Universität studieren.
Sie bereiten sich auf einen Beruf vor.

Übung 4   Complete the following statements.

1. Ein Arzt im Krankenhaus übt einen Beruf aus. Er ist _____.
2. Er arbeitet. Er ist nicht _____.
3. Arbeitslose sind Leute, die keine _____ haben, aber Arbeit suchen.
4. Die meisten _____ sind über sechzig Jahre alt.
5. _____ bereiten sich auf einen Beruf vor.

Gespräch

—Sie sind Student(in)?
—Ja, ich bin Student(in).
—Was studieren Sie?
—Ich studiere *Informatik.*   *computer science, data*
                                                                processing

Übung 5   Recreate the preceding conversation, substituting the following fields for **Informatik.** You should be able to guess the meaning of these words.

1. Architektur
2. Medizin

3. Amerikanistik
4. Pädagogik
5. Anthropologie
6. Marketing
7. Politologie
8. Botanik
9. Archäologie
10. Musikgeschichte

Übung 6 Say whether the following fields interest you or not.

> **MUSTER** _____ interessiert mich.
> _____ interessiert mich nicht.

1. Medizin
2. Pädagogik
3. Betriebswirtschaft *(business administration)*
4. das Handelsgeschäft
5. Werbung
6. Informatik
7. Landwirtschaft
8. die Luft- und Raumfahrtindustrie
9. Technologie
10. Touristik
11. Finanzwirtschaft
12. Kriminologie
13. Handwerk

Übung 7 Tell if you would or would not like to be the following.

> **MUSTER** Ja, ich wäre gern _____.
> Nein, ich wäre nicht gern _____.

1. Arzt (Ärztin)
2. Professor(in)
3. Krankenpfleger(in)
4. Ingenieur(in)
5. Direktor(in) einer große Firma
6. Bauer (Bäuerin)
7. Sozialarbeiter(in)
8. Buchhalter(in)
9. Informatiker(in)
10. Apotheker(in)

11. Staatsbeamter (Staatsbeamtin)
12. Reiseagent(in)
13. Journalist(in)
14. Schauspieler(in)
15. Pilot(in)
16. Flugbegleiter(in)

AUS DEM ALLTAG

Beispiel 1

You are speaking with a new German acquaintance in Trier.

1. She would like to know if you are a student in the United States. Tell her.
2. She wants to know what you are studying. Tell her.
3. She wants to know what you would like to be. Tell her.
4. She wants to know what other fields interest you. Tell her.
5. Now ask her for the same information.

Kapitel 30

Das Wetter

Wortschatz

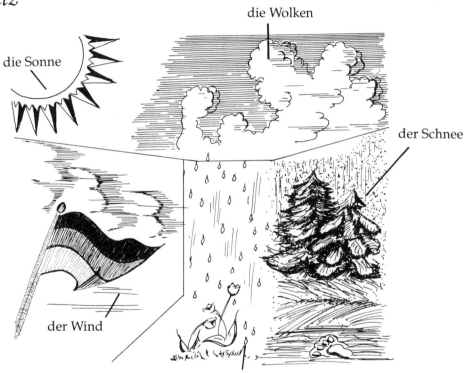

die Sonne

die Wolken

der Schnee

der Wind

der Regen

Read the following:

Wie est das Wetter?
Es ist bewölkt.
Es ist windig.
Es regnet.
Es schneit.
Es ist sonnig.
Es ist warm.
Es ist kühl.
Es ist kalt.

Übung 1   Answer the questions based on the illustrations.

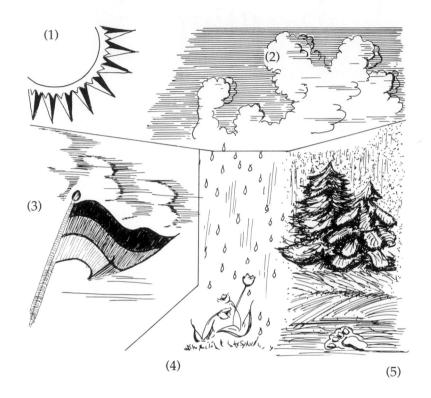

1. Ist es sonnig oder bewölkt?
2. Ist es bewölkt oder sonnig?
3. Ist es windig oder sonnig?
4. Schneit es oder regnet es?
5. Regnet es oder schneit es?

Übung 2   Answer the following questions.

1. Ist es kalt oder warm im Winter?
2. Ist es kalt oder warm im Sommer?
3. Schneit es im Winter oder im Sommer?
4. Scheint die Sonne oder ist es bewölkt, wenn es regnet?
5. Regnet es oder schneit es öfter im Frühling?
6. Ist es kühl im Sommer oder im Herbst?

Übung 3 Tell if it is hot, cold, or cool.

AUS DEM ALLTAG

Beispiel 1

You are on the phone speaking with a German friend who just called from Konstanz. She asks you what your weather is like today. Tell her.

Appendix

Following is a listing, arranged alphabetically by topic, for all vocabulary presented in the Communicative Topic chapters of this book.

Das Telefonieren (Kapitel 11)

area code die Vorwählnummer
(to) call on the telephone telefonieren
(to) make a telephone call telefonieren/jemanden anrufen
public telephone der öffentliche Fernsprecher/Münzfernsprecher
residential telephone der Privatanschluß
(to) stay on the line am Apparat bleiben
telegram das Telegramm
telephone (apparatus) das Telefon/der Fernsprecher
(to) telephone telefonieren/jemanden anrufen
telephone book (directory) das Telefonbuch
telephone booth die Telefonzelle
telephone call der Telefonanruf
telephone number die Telefonnummer

Auf der Post (Kapitel 12)

aerogram das Aerogramm
airmail Luftpost
counter der Schalter
letter der Brief
(to) mail a letter einen Brief einstecken/einwerfen
mailbox der Briefkasten
post office das Postamt/die Post
postage das Porto
postal clerk der Postbeamte, die Postbeamtin
postcard die Postkarte
stamp die Briefmarke
stamp vending machine der Briefmarkenautomat
window der Schalter

Auf der Bank (Kapitel 13)

bank die Bank
big bills große Scheine
bill die Banknote/der Geldschein
cash das Bargeld

cashier's window, counter   die Kasse
change   das Kleingeld
(to) change   wechseln
(to) change money   Geld wechseln
check   der Scheck/der Bankscheck
coin   die Münze
currency exchange bureau   die Wechselstube
customer   der Kunde, die Kundin
employee   derAngestellte, die Angestellte
(to) endorse   einen Reisescheck unterschreiben
exchange rate   der Wechselkurs
(to) exchange dollars into marks   Dollar in Mark umwechseln
passport   der Paß, der Reisepaß
(to) pay cash   bar bezahlen
(to) sign   unterschreiben
traveler's check   der Reisescheck

Sich Zurechtfinden (Kapitel 14)

across from   gegenüber
behind   hinter
city map   der Stadtplan
east   Osten
in front of   vor
left   links
next to   neben
north   Norden
right   rechts
south   Süden
straight ahead   geradeaus
street map   der Stadtplan
to the left   links
to the right   rechts
west   Westen

Der Flughafen (Kapitel 15)

agent   der Ticketagent
airport   der Flughafen
aisle   der Gang
aisle (on the)   am Gang
(to) board   einsteigen
boarding pass   die Bordkarte
(to) check luggage   Koffer aufgeben

counter   der Flugkartenschalter
delay   die Verspätung
(to) depart   abfliegen
departure   der Abflug
departure screen   die Abfluganzeigetafel
destination   das Flugziel/der Zielort
flight   der Flug
gate   der Flugsteig
luggage   das Gepäck
(no) smoking section   das (Nicht)raucherabteil
passenger   der Fluggast/der Passagier
passport   der Paß
plane   das Flugzeug
plane ticket   die Flugkarte
row   die Reihe
seat   der Platz/der Sitzplatz
suitcase   der Koffer
ticket counter   der Flugkartenschalter
visa   das Visum
window (by the)   am Fenster

Die Bahn (Kapitel 16)

All aboard!   Alles einsteigen!
arrival   die Ankunft
baggage check   die Gepäckaufbewahrung
(to) board   einsteigen
(to) change trains   umsteigen
(to) check/inspect   controllieren
clock   die Uhr
conductor   der Schaffner
departure   die Abfahrt
express train   der Eilzug, der D-Zug
first class   erste Klasse
locker   das Schließfachß
luggage   das Gepäck
main train station   der Hauptbahnhof
one-way ticket   die einfache Fahrkarte
platform   der Bahnsteig
porter   der Gepäckträger
railroad car   der Eisenbahnwagen
railroad official   der Bahnbeamte, die Bahnbeamtin
round-trip ticket   die Rückfahrkarte
schedule   der Fahrplan

second class   zweite Klasse
suitcase   der Koffer
ticket   die Fahrkarte
ticket counter   der Schalter/der Fahrkartenschalter
timetable   der Fahrplan
train   der Zug
train station   der Bahnhof
traveler   der Reisende, der Fahrgast
waiting room   der Wartesaal

Beim Autoverleih (Kapitel 17)

by the day   pro Tag
by the month   pro Monat
by the week   pro Woche
car   das Auto/der Wagen
(two-door) car   ein zweitüriges Auto
car rental agency   der Autoverleih
car rental agreement der Automietvertrag
compact car   der Kompaktwagen
credit card   die Kreditkarte
door   die Tür
driver's license   der Führerschein
gas   das Benzin
gas station   die Tankstelle
insurance   die Versicherung
insurance policy   der Versicherungsschein
included   inbegriffen
map   die Straßenkarte
mileage   die Kilometerzahl
(to) pay   bezahlen
price   der Preis
(to) rent   mieten
road map   die Straßenkarte
(to) sign   unterschreiben
special price   der Sonderpreis
unlimited   unbeschränkt

An der Tankstelle (Kapitel 18)

air   die Luft
air pump   die Luftpumpe
battery   die Batterie
car   der Wagen, das Auto

(to) check the air   den Reifendruck prüfen
(to) check the battery   die Batterie prüfen
(to) check the water   das Kühlwasser prüfen
    customer   der Kunde, die Kundin
    driver   der Fahrer
(to) fill up   volltanken
    gas   das Benzin (der Sprit)
    gas pump   die Pumpe/die Benzinpumpe
    gas pump island   die Zapfsäuleninsel/die Tanksäuleninsel
    gas station   die Tankstelle
    gas station attendant   der Tankwart
    gas tank   der Benzintank
    hood   die Haube/die Motorhaube
    hood release   der Haubenknopf
    key   der Schlüssel
    motor   der Motor
    oil   das Öl
    press   drücken
    radiator   der Kühler
    regular   normal
    rental car   der Leihwagen
    super   super
    tank   der Tank
    tire   der Reifen
    trunk   der Kofferraum
    unleaded   bleifrei
    water   das Wasser

Im Hotel (Kapitel 19)

    bathroom   das Bad/das Badezimmer
    bed   das Bett
    bill   die Rechnung
    breakfast   das Frühstück
    cashier   der Kassierer, die Kassiererin
    cashier's desk   die Kasse
    credit card   die Kreditkarte
    date of arrival   das Ankunftsdatum
    date of departure   das Abreisedatum
    desk clerk   die Empfangsdame, der Empfangschef
    double bed   ein französiches Bett
    double room   das Doppelzimmer
    elevator   der Lift/der Aufzug/der Fahrstuhl
(to) fill out   ausfüllen

floor   das Stockwerk
folding bed   das Klappbett
guest house   die Pension
hotel   das Hotel
included   inbegriffen
individual amount/item   der Einzelbetrag
key   der Schlüssel
price   der Preis
registration desk   die Rezeption
registration form   das Formular
reservation   die Reservierung
room   das Zimmer
room with double bed   ein Zimmer mit einem Doppelbett
room for two people   ein Zimmer für zwei Personen
room with two single beds   ein Zimmer mit zwei Einzelbetten
room with one bed for one person (two people)   ein Zimmer mit einem Bett für eine Person (zwei
    Personen)
service   die Bedienung
single room   das Einzelzimmer
(to) spend (time)   verbringen
tax   das Steuer
telephone call   das Telefonat
suitcase der Koffer
twin beds zwei Einzelbetten

Einkaufen (Kapitel 20)

backery   die Bäckerei
bread   das Brot
butcher shop   die Fleischerei/die Metzgerei/die Schlachterei
cake   der Kuchen
canned goods aisle   die Reihe mit Konserven
cash register   die Kasse
checkout   die Kasse
cheese   der Käse
cheese store   das Käsegeschäft
chicken   das Huhn
cold cuts   der Aufschnitt
corner grocery   der Eckladen
crab   der Taschenkrebs
cream   die Sahne
dairy store   das Milchgeschäft
duck   die Ente
enriched with vitamins   angereichert mit Vitaminen

fewer calories   weniger Kalorien
fish   der Fisch
fish store   das Fischgeschäft/die Fischhandlung
food section   die Lebensmittelabteilung
fruit   das Obst
fruit vendor   der Obsthändler
gram   das Gramm
half   halb
ham   der Schinken
high fiber   ballaststoffreich
How much?   Wieviel macht das?
kilogram   das Kilo/das Kilogramm
low calorie   kalorienarm
low fat   fettarm
market stall   die Marktbude
meat   das Fleisch
milk   die Milch
mussel   die Muschel
open-air market   der Wochenmarkt
pastries   das Gebäck
pastry shop   die Konditorei
poultry   das Geflügel
pound   das Pfund
preservatives   Konservierungsstoffe/Konservierungsmittel
section   die Abteilung
shopping cart   der Einkaufswagen
Mom and Pop store   der Tante-Emma-Laden
storekeeper/proprietor   der Ladenbesitzer, die Ladenbesitzerin
supermarket   der Supermarkt
turkey   der Truthahn
vegetable   das Gemüse
vegetable store   der Gemüsehändler

Im Restaurant (Kapitel 21)

appetizer   die Vorspeise
bill   die Rechnung
cheese   der Käse
credit card   die Kreditkarte
daily special (set meal)   das Tagesmenü/das Tagesgedeck
dessert   die Nachspeise
drink   das Getränk
fish   der Fisch
fish dishes   Fischgerichte

fowl   das Geflügel
game   das Wild
main course   das Hauptgericht
meat   das Fleisch
meat dishes   Fleischgerichte
menu   die Speisekarte
(to) order   bestellen
(to) pay   bezahlen
(to) recommend   empfehlen
reservation   die Reservierung
(to) reserve   reservieren
roast chicken   das Brathuhn
service   die Bedienung
shellfish   Meeresfrüchte
soup   die Suppe
special of the day   das Tagesmenü/das Tagesgedeck
table   der Tisch
table for four   ein Tisch für vier Personen
tip   das Trinkgeld
vegetable   das Gemüse
waiter   der Kellner (addressed as "Herr Ober") (Herr Ober)
wine list   die Weinkarte

Kleidung (Kapitel 22)

blouse   die Bluse
blouse size   die Blusengröße
boutique   die Boutique
business hours   Geschäftszeiten
cash register   die Kasse
clothing department   die Kleiderabteilung
color   die Farbe
comfortable   bequem
(to) cost   kosten
counter   der Ladentisch
department store   das Kaufhaus
display window, show window   das Schaufenster
expensive   teuer
(to) fit   passen
helpful   behilflich
men's clothing   Herrenbekleidung
(to) pay   bezahlen
price   der Preis
salesclerk   der Verkäufer, die Verkäuferin

(to) sell   verkaufen
    shirt   das Hemd
    shirt size   die Hemdgröße
    shoes   die Schuhe
    shoe size   die Schuhgröße
    size   die Größe
    skirt   der Rock
    something simple   (etwas) Schlichtes
(to) try on   anprobieren
    women's clothing   Damenbekleidung
    zip code   die Postleitzahl

Beim Arzt (Kapitel 23)

    allergic   allergisch
    allergy   die Allergie
    antibiotic   das Antibiotikum
(to) breathe   Atem holen
    chest   die Brust
    chills   der Schüttelfrost
    cold   die Erkältung
    constipation   die Verstopfung
(to) cough   husten
    diarrhea   der Durchfall
    doctor   der Arzt
    doctor's office   das Sprechzimmer
    ear   das Ohr
(to) examine   untersuchen
(to) exhale   ausatmen
(to) feel unwell   sich schlecht fühlen
    fever   das Fieber
    flu   die Grippe
(to) have a cold   erkältet sein
    head   der Kopf
    headache   Kopfschmerzen
    hospital   das Krankenhaus
(to) inhale   einatmen
    medicine   das Medikament
    mouth   der Mund
    nausea   der Brechreiz
    nurse   die Krankenschwester
    patient   der Patient
    pharmacy   die Apotheke
    prescription   das Rezept

serious   schlimm
sick person   der Kranke, die Kranke
(to) sneeze   niesen
sore/raw   wund
sore throat   Halsschmerzen/das Halsweh
stomach ache   Magenschmerzen
symptoms   die Symptome
(to) take a deep breath   tief Atem holen
(to) take one's temperature   das Fieber messen
temperature   das Fieber
throat   der Hals
tired   müde
(to) vomit   brechen, sich übergeben

Kulturelle Veranstaltungen (Kapitel 24)

actor   der Schauspieler
actress   die Schauspielerin
balcony   der Balkon
box (theater)   die Loge
box office   die Theaterkasse/die Kasse
cabaret   das Kabarett
curtain   der Vorhang
exhibition   die Ausstellung
film/movie   der Film
first balcony/dress circle   der erste Balkon/erster Rang
front orchestra   das Parkett
gallery   die Galerie/der oberste Rang
movie theater   das Kino
museum   das Museum
nightclub   der Nachtklub
orchestra   das Parterre
performance   die Aufführung
play   das Theaterstück
(to) play (a movie)   laufen
(to) put on   aufführen
(to) reserve   reservieren
seat (piece of furniture)   der Sitz
seat (place to sit)   der Platz
show   die Show/die Aufführung
(to) show   zeigen
sold out   ausverkauft
stage   die Bühne
theater   das Theater

theater ticket   die Theaterkarte/die Karte
ticket window   die Kasse
upper balcony   der zweite Balko/(zweiter Rang
usher   der Platzanweiser, die Platzanweiserin

Sport (Kapitel 25)

ball   der Ball
chairlift   der Sessellift
dive   der Kunstsprung
(to) dive   springen
diver   der Springer, der Springerin
diving   das Springen
diving board   das Sprungbrett
(to) drive (golf)   treiben
goal   das Tor
golf   das Golf
golf ball   der Golfball
golf club   der Golfschläger
golf course   der Golfplatz
golfer   der Golfspieler
hole   das Loch
ice skate   der Schlittschuh
(to) ice skate   schlittschuhlaufen/eislaufen
ice skating rink   die Schlittschuhbahn/die Eisbahn
indoor swimming pool   das Hallenbad
(to) lose   verlieren
ocean   das Meer
opponent   der Gegner
(to) play   spielen
player   der Spieler
pool   das Schwimmbecken
(to) putt   putten
racket   der Tennisschläger
rather well   ziemlich gut
(to) return (a ball)   zurückschlagen
(to) roller skate   rollschuhlaufen
score   der Spielstand
sea   die See/das Meer
(to) serve   aufschlagen
(to) ski   schilaufen
ski   der Schi
ski boot   der Schischuh/der Schistiefel
ski lodge   die Schihütte

ski pole   der Schistock
ski run/piste   die Piste
skier   der Schiläufer
skiing   schilaufen
soccer ball   der Fußball
soccer field   der Fußballplatz
soccer game   das Fußballspiel
soccer player   der Fußballspieler/der Fußballer
(to) swim   schwimmen
swimmer   der Schwimmer, die Schwimmerin
swimming   das Schwimmen
swimming pool   das Schwimmbecken
team   die Mannschaft
tennis   das Tennis
tennis ball   der Tennisball
tennis court   der Tennisplatz
tennis net   das Tennisnetz
tennis racket   der Tennisschläger
tied (score)   unentschieden
(to) win   gewinnen
zero   null

Die Familie (Kapitel 26)

aunt   die Tante
brother   der Bruder
brother-in-law   der Schwager
cousin   der Cousin/der Vetter, die Cousine
daughter   die Tochter
daughter-in-law   die Schwiegertochter
family   die Familie
father   der Vater
father-in-law   der Schwiegervater
granddaughter   die Enkelin/die Enkeltochter
grandchildren   die Enkelkinder
grandfather   der Großvater
grandmother   die Großmutter
grandson   der Enkel/der Enkelsohn
husband   der Ehemann/der Mann
married   verheiratet
mother   die Mutter
mother-in-law   die Schwiegermutter
nephew   der Neffe
niece   die Nichte

single   ledig
sister   die Schwester
sister-in-law   die Schwägerin
son   der Sohn
uncle   der Onkel
wife   die Ehefrau, die Frau

Das Wohnen (Kapitel 27)

apartment   die Wohnung
apartment building   das Mietshaus
attic   der Dachboden
bathroom   das Bad/das Badezimmer
bedroom   das Schlafzimmer
cellar/basement   der Keller
city   die Stadt
closet (wardrobe)   der Kleiderschrank
commune   die Wohngemeinschaft
courtyard   der Hof
dining room   das Eßzimmer
dormitory   das Studentenheim
door   die Tür
elevator   der Lift/der Aufzug/der Fahrstuhl
entrance   der Eingang
fence   der Zaun
first floor   das Erdgeschoß/das Parterre
floor   das Stockwerk
front door   die Haustür
garage   die Garage
garden   der Garten
(to) go up   hinauffahren
(to) go down   hinunterfahren
ground floor   das Erdgeschoß/das Parterre
hall   der Flur/die Diele
house   das Haus
kitchen   die Küche
(to) live   wohnen
living room   das Wohnzimmer
lodgings   die Bude *(slang)*
room   das Zimmer
row house   das Reihenhaus
second floor   die erste Etage, das erste Stockwerk
single family (detached) house   das Einzelhaus
stairs   die Treppe

suburb   der Vorort
third floor   die zweite Etage, das zweite Stockwerk
window   das Fenster

Der Unterricht (Kapitel 28)

algebra   die Algebra
art   die Kunst
biology   die Biologie
chemistry   die Chemie
foreign languages   die Fremdsprachen
geography   die Geographie/die Erdkunde
geometry   die Geometrie
history   die Geschichte
home economics   die Hauswirtschaft
(to) learn   lernen
literature   die Literatur
math   die Mathematik ("Mathe")
music   die Musik
natural sciences   die Naturwissenschaften
philosophy   die Philosophie
physical education   der Sport
physics   die Physik
psychology   die Psychologie
professor   der Professor, die Professorin
school   die Schule
semester   das Semester
social sciences   die Sozialwissenschaften
sociology   die Soziologie
student   der Student, die Studentin
(to) take (a course)   studieren
(to) teach   unterrichten
teacher   der Lehrer, die Lehrerin
trigonometry   die Trigonometrie
university   die Universität
zoology   die Zoologie

Die Arbeit (Kapitel 29)

artist's studio   das Atelier
artist   der Künstler, die Künstlerin
boutique   die Boutique
computer science/data processing   die Informatik
department store   das Kaufhaus

doctor   der Arzt, die Artztin
employed   berufstätig
employee   der Angestellte, die Angestellte
factory   die Fabrik
farm   der Bauernhof
field   das Feld
government official   der Beamte, die Beamtin
hospital   das Krankenhaus
nurse   die Krankenschwester, der Krankenpfleger, die Krankenpflegerin
office   das Büro
retired person   der Rentner, die Rentnerin
salesperson   der Verkäufer, die Verkäuferin
school   die Schule
secretary   der Sekretär, die Sekretärin
store   der Laden
student   der Student, die Studentin
studio   das Atelier
teacher   der Lehrer, die Lehrerin
town hall   das Rathaus
unemployed   arbeitslos
(to) work   arbeiten
worker   der Arbeiter, die Arbeiterin

Das Wetter (Kapitel 30)

autumn   der Herbst
cloud   die Wolke
cloudy   bewölkt
cold   kalt
cool   kühl
fall   der Herbst
How is the weather today?   Wie ist das Wetter heute?
rain   der Regen
(to) rain   regnen
snow   der Schnee
(to) snow   schneien
spring   der Frühling
summer   der Sommer
sun   die Sonne
sunny   sonnig
warm   warm
wind   der Wind
windy   windig
winter   der Winter

Index

In the following Index, the numbers in bold indicate the page number in the Appendix of the vocabulary list for each communicative topic in the book.